리부트 ▶▶▶ 대한민국

REBOOT

리부트 ▶▶▶ 대한민국

파국에서 도약으로,
한국 사회 대전환을 위한
11가지 제언

김경일
김현철
마강래
박원호
이광수
이철희

조동찬
조병영
조천호
최재붕
최종건

SBS 〈김태현의 정치쇼〉 제작진
기획

위즈덤하우스

프롤로그

대한민국이 멈춘 157분, 리부트의 조건을 묻다

2024년 12월 3일은 평범한 날이었다

퇴근 후에는 평소처럼 육아가 기다리고 있었다. 만 8개월에 접어들어 이제 막 "엄마, 엄마" 말문이 트이고 서툰 걸음마를 시작한 쌍둥이들. 저녁을 먹이고 목욕을 시켰지만, 아이들은 그날따라 유독 늦은 밤까지 잠투정이 심했다. 둘 중 한 녀석을 맡아 겨우 재우고 조용해진 거실로 나와, 무음으로 해두었던 휴대폰을 집어 들었다. 수백 통의 카카오톡·텔레그램 메시지 알림과 10여 통의 부재중 전화가 쌓여 있었다. '무슨 일이 나도 크게 났구나' 하는 불길함에 메시지부터 확인하려는 순간, 다시 전화가 울렸다.

"비상계엄이 선포됐다"고 했다

대한민국 국민이라면 그 순간을 결코 잊지 못할 것이다. "저는 오로지 국민 여러분만 믿고 신명을 바쳐 자유 대한민국을 지켜낼 것입니다. 저를 믿어주십시오. 감사합니다." 대통령이 카메라 앞에서 특별담화를 낭독했고, 비상계엄 포고령 1호가 언론을 통해 전파됐다. "정치활동을 금한다", "언론과 출판은 계엄사의 통제를 받는다", "위반자에 대해서는 계엄법에 의하여 처단한다"와 같은 생경한 언어들이 연이어 귀를 때렸다. 제작진들과 긴급히 온라인 회의를 하다가, 데스크들의 호출을 받고 목동 SBS 사옥으로 향했다. 혹시나 길목이나 방송시설이 차단될까 서둘러 움직였다. 그 무렵 국회 상공에 헬기가 떴다거나 총을 든 군인들이 돌아다닌다는 목격담들이 들려왔다. "혹시 며칠 정도 집에 못 들어올지도 몰라. 애들 좀 잘 챙겨주고." 집을 나서며 아내에게 담담하게 말했지만, 머릿속은 새하얘지고 왠지 눈물이 핑 도는 기분이었다.

이 글을 읽고 있는 여러분은 그날 밤을 어떻게 보냈을지 궁금하다. 아마도 뜬눈으로 밤을 지새우며 뉴스를 확인하고, 지인들의 안위를 걱정해 전화를 돌리고, 인터넷을 검색하고, 단톡방에서 비판적인 의견을 나눴을 것이다. 수천 명의 시민이 국회 앞으로 달려가 "계엄 해제"를 외치며 항의 시위를 하기도 했고, 국회 안에서는 보좌진들이 계엄군을 막아섰으며, 190명의 국회의원이 비상계엄 해제 표결에 참석해 만장일치로 해제를 의결했다. 온 국민이 함께한 가운데 비상계엄이 물과 157분 만에 해제된 것이다.

그러나 그 157분은 대한민국 공동체의 '생존' 자체가 위협받은 시간이었다. 이는 1987년 민주화 이후 대한민국이 겪은 최대의 위기로, IMF 외환위기 혹은 코로나19 팬데믹과 비견할 만하다. IMF는 기업이 도산하고 서민들의 생계를 붕괴시키는 방식으로 우리의 삶을 위협했다. 코로나19는 바이러스 자체도 위험했지만, 격리의 필요성에 의해 사람과 사람 사이의 사회적 관계를 단절시키면서 경제를 무너뜨렸고, 그 과정에서 우리 사회의 문화도 바뀌었다. 그리고 12.3 비상계엄은 '민주주의와 국가제도'라는 공동체의 근간을 송두리째 흔든 충격이었다. 투표로 선출된 대통령이 헌정질서의 의무를 저버리고 공권력을 남용했으며, 국회의 정당한 기능을 마비시키고 법치주의를 부정한 것이다. 비상계엄으로 인해 원달러 환율이 1440원으로 급등하고 100조 이상의 국내증시 시가총액이 증발해버렸다. 사회적 갈등 역시 끝을 모르고 분출했다. 우리의 일상을 받치고 있는 바닥이 거대한 싱크홀처럼 꺼진 것이다. 도대체 어쩌다 대한민국이 이 지경이 된 것인가. 과연 대한민국 공동체는 이 절체절명의 위기를 극복하고 재도약할 수 있을까.

"대한민국을 어떻게 '리부트'할 것인가"

12.3 비상계엄은 마치 매일 쓰던 컴퓨터가 갑자기 멈춰버린 순간과 같다. 블루스크린이 뜨고 운영체제OS가 멈춰버리면 어떤 종류의 응용 프로그램도 작동할 수가 없다. 그럴 때 필요한 것이 '재부팅', 곧 리부트다. 전원을 껐다 켜면 컴퓨터는 대개 제 기능을 되찾는다. 그러나 단순히 껐다 켜는 것만으로 충분하지

않을 때가 있다. 이럴 때는 오류를 정확히 진단하고 바로잡고 업데이트한 후에 리부트해야 한다. 그래야 더 안전하고 더 똑똑하고 더 오랫동안 신뢰할 수 있는 운영체제가 작동할 수 있다.

이러한 문제의식을 바탕으로 SBS〈김태현의 정치쇼〉제작진은 비상계엄과 탄핵, 그리고 6.3 조기 대선이라는 격변의 국면 속에 특별 기획 '대선특집 리부트 2025'를 준비했다. 매일 아침 데일리 시사 프로그램을 통해 복잡한 정치 과정을 보도하며 국민과 함께 호흡해오면서, 동시에 대한민국의 근본적 오류를 진단하고 새로운 운영체제를 어떻게 설계해야 하는지에 대한 고민과 토론을 함께 나누고자 한 것이다. 이를 위해 지난 5월부터 정치·경제·사회·교육 등 주요 분야에서 대한민국을 대표하는 석학들과 전문가들을 초청해 깊이 있는 대담을 나눴다. 그 성과를 집약한 것이 바로 이 책 《리부트 대한민국: 파국에서 도약으로, 한국 사회 대전환을 위한 11가지 제언》이다.

먼저 서론에 해당하는 정치 분야에서는 박원호 교수가 비상계엄 사태의 원인으로 정당과 시민 사이의 극심한 양극화와 한국 엘리트 집단의 공적 마인드 부재에 대해 역설한다.

이어서 경제와 외교 같은 핵심적 영역도 짚었다. 이광수 대표는 서울 아파트 집값에 묶인 자본을 주식시장과 혁신산업으로 옮기지 않으면 한국 경제의 미래가 없다고 경고한다. 최종건 교수는 트럼프 2기 정부 출범을 두고 "우아한 가식의 시대는 끝났다"고 단언하면서 한·미동맹과 중국과의 전략적 소통의 방향성을 짚어본다.

핵심적 정책 과제로 기술·의료·교육 등이 다뤄졌다. 스마트폰 이후 인류의 생활양식 변화를 정확히 예측했던 최재붕 교수는 이번에 AI가 바꾸는 인류의 미래를 그려본다. 특히 기술 경쟁에서 뒤처진 한국이 어떻게 AI 기반 제조국으로 성장할 수 있을지 그 가능성을 살펴본다. 의학전문 기자 출신 의사인 조동찬 교수는 장기화된 의정 갈등의 해법과 함께 의료 시스템 개혁의 새로운 기준점을 제시한다. 문해력 전문가 조병영 교수는 비상계엄·탄핵 국면에서 가짜뉴스의 주요 생산자가 정치인이었다는 점을 지적하며, 미디어 문해력 교육의 필요성을 역설한다. 의사이자 경제학자인 김현철 교수는 '서울대 10개 만들기' 정책의 결함을 설명하며, 입시제도 개선과 노동시장 개편을 연결한 통찰을 내놓는다.

장기적인 미래를 대비하는 차원에서도 기후위기·인구 감소·지방소멸 분야의 다양한 제언이 이어졌다. 조천호 전 국립기상과학원장은 기후위기 대응은 생존과 경제의 문제라고 역설하며, 정치적 해법을 짚어본다. 이철희 교수는 인구 감소가 곧 국가 몰락을 의미하지 않는 이유를 설명하고, 새로운 노동시장으로의 개편을 강조한다. 마강래 교수는 지방소멸의 해법으로 메가시티의 성공 조건을 분석하는 동시에, '베이비부머 귀향 프로젝트'라는 구체적 실행 과제를 제시한다.

마지막 결론 격으로 심리 분야를 살펴본다. 김경일 교수는 '계엄 트라우마'가 실제로 우리 사회에 남긴 깊은 흔적을 짚어보고, 양극화의 근본적 해결을 위한 개인적·사회적 해법을 제안한다. 본문에서 다룬 쟁점과 상황은 지금도 시시각각 변화하고 있지만, 각 전문가가 제시하는 큰 틀의 방향과 가능성에 주목하여 읽어주시길 바란다.

이 책은 비상계엄과 탄핵 그리고 조기 대선이라는 대혼란을 겪으며 우리 사회에 던져진 근본적 질문에 대한 답변의 노력을 담고 있다. 1987년 민주화 이후 40년에 가까운 시간이 흐르는 동안 한국 정치는 민주주의로의 이행transition 단계를 넘어 민주주의의 공고화consolidation 단계에 접어들었다고 '당연하게' 여겨져왔다. 그러나 12.3 비상계엄은 우리의 민주주의에 대한 원칙과 상식을 반대로 뒤집어놨다. 민주주의에 의해 선출된 권력이 민주주의를 무너뜨릴 뻔한 역설적 순간, 공동체의 존립이 위협받고 가족과 친구들과 함께하는 평범한 일상이 산산이 무너질 수 있다는 공포, 불안, 슬픔, 절망, 황당함, 분노 같은 것을 경험했다. 그리고 이제 회복을 넘어 재도약을 할 기회가 왔다. 다시 한번 질문을 던진다.

"대한민국을 어떻게 리부트할 것인가?"

《리부트 대한민국》는 이 질문에 대한 진지한 제안을 담고 있다. 그러나 이 책이 궁극적으로 나누고자 하는 것은 하나의 완성된 정답이 아니다. 함께 비상계엄을 겪은 당신, 그리고 우리 사회가 어디로 가야 하는지 고민에 빠져 있을 당신과 나눠봄 직한 즐거운 '토론 거리'다. 계몽은 공권력을 동원한 강제나 소수의 강변을 통해 하루아침에 이루어지는 것이 아니며, 더 많은 사람이 자유롭게 의견을 말하고 서로 경청하며 오랜 시간 이성적으로 토론해나갈 때 비로소 이루어진다고 믿는다. 이 책이 진지하면서도 유쾌한 토론의 계기가 된다면 영광일 것이다. 그리고 지금 이 시대를 살아가는 우리가 나눈 토론의 효용으로 우리 아이들이 조금이라도 더 나은 세상을 살아갈 수 있다면 더없이 기쁠 것이다.

끝으로, 이번 기획에 참여해주신 열한 분의 인터뷰이와 출판을 맡아주신 위즈덤하우스의 모든 분께 진심으로 감사드린다. 특히 어려운 시기 데일리 프로그램을 제작해야 하는 전쟁 같은 상황 속에서도 이번 기획을 함께 해준 김태현 앵커와 〈김태현의 정치쇼〉 제작진들께 진심 어린 존경과 애정을 전하고 싶다.

2025년 8월
SBS 〈김태현의 정치쇼〉 제작진을 대표하여
민경남 PD 드림

리부트 대한민국

프롤로그

대한민국이 멈춘 157분, 리부트의 조건을 묻다 •004

1 `정치` **실종된 K-정치, 공동체는 재건될 수 있을까?**
박원호(서울대 정치학부 교수) •014

2 `경제` **집 말고 주식에 돈이 흘러야 나라가 산다**
이광수(광수네 복덕방 대표) •038

3 `외교` **동맹에 목숨 걸던 시대는 끝났다**
최종건(연세대 정치외교학과 교수) •064

4 `AI` **글로벌 AI 전쟁 시대, 한국이 가진 경쟁력은 무엇인가**
최재붕(성균관대 서비스융합디자인학과 및 기계공학과 교수) •090

5 `의료` **의정 갈등의 해법이 곧 한국 의료의 미래다**
조동찬(한양대 융합의과학 특임교수) •122

6 `교육 #1` **대통령도 가짜뉴스에 속는 이유**
조병영(한양대 사범대학 국어교육과 교수) •148

7 `교육 #2` **서울대가 10개면 교육 불평등은 사라질까?**
김현철(연세대 의과대학 및 인구와 인재연구원장) •174

CONTENTS

8 **기후** 지연된 전환, 대한민국 경제에 몰아칠 비용의 역습
   조천호(전 국립기상과학원장) ・204

9 **인구** 인구 감소, 사회 재건할 기회가 될 수 있을까?
   이철희(서울대 경제학부 교수 및 국가미래전략원
   인구클러스터장) ・228

10 **지방소멸** 30년 후 대한민국은 거대한 도시국가가 된다
   마강래(중앙대 도시계획/부동산학과 교수) ・260

11 **심리** 계엄 트라우마에서 우리는 아직 회복되지 않았다
   김경일(아주대 심리학과 교수) ・288

정치

실종된 K-정치, 공동체는 재건될 수 있을까?

▶ ▶ ▶

박원호

미국 미시간대학교에서 정치학 연구방법론과 투표행태 전공으로 박사학위를 받았다. 미국선거조사 American National Election Studies 펠로와 플로리다대학교 정치학과 교수 및 한국정당학회장을 역임했고, 현재 서울대학교 정치외교학부 교수다. 최근 주요 논문 및 저서로는 〈Who Toes the Line? Mandate Type, Open-Primary Experience, and Party Defection in the Korean National Assembly〉(Korea Observer, 2022), 《한국정치의 재편성과 2017년 대통령 선거 분석》(나남, 2018) 등이 있다. 현재 중앙선거관리위원회 여론조사심의위원과 서울대학교 기획처장을 겸하고 있다.

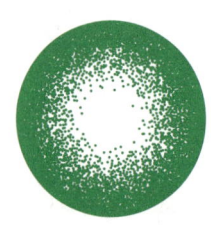

"정치가 중요한 진전을 이루었던 시기는
보수 세력이
'중산층'이 수용할 수 있는
진보적 의제를 과감히 제시했을 때였고,

반대로 진보 세력이
일정 부분 보수적 가치를 수용하며
의제를 설정했을 때였습니다."

REBOOT

두 번째 대통령 파면과 조기 대선이라는 초유의 사태 속에서, 정치가 실종된 자리에 무엇이 남았는지를 묻는 이들이 늘고 있다. 박원호 교수는 정치의 실패가 초래한 현재의 폐허를 진단하며, 보수·진보 양 진영 모두가 새로운 의제와 소통의 복원을 통해 공동체의 정치를 '다시 시작'해야 한다고 강조한다. 과연 우리는 정치적 책임과 성찰 위에 새 질서를 구축할 수 있을까? 무너진 신뢰, 공론장의 해체, 극단적 양극화 이후에 한국 정치가 나아가야 할 길은 무엇인가?

리부트 대한민국

비상계엄이 드러낸 정치적 위기

헌정 사상 두 번째 대통령 파면과 조기 대선을 치렀습니다. 윤석열 전 대통령의 12.3 비상계엄 선포, 헌법재판소의 파면 결정 그리고 조기 대선까지. 정치학자로서 오늘날의 정치 위기를 어떻게 보고 계십니까?

정치를 정치로서 해결해야 할 국면에서 대통령이 정치적 해법을 택하지 못했어요. 국회와의 예산 문제를 해결하기 위해 헬리콥터와 병력을 보내는 방식으로 사태가 시작된 것은 정치 자체가 무너진 상징적 사건이라고 할 수 있습니다.

우리는 흔히 정치를 더럽고 지저분하며 피곤한 과정으로 인식하지만, 화장실이 불결하다고 없앨 수 없는 것처럼, 정치가 사라진 공동체에는 결국 폐허만이 남는다는 사실을 이번 사태가 여실히 보여주고 있습니다. 이제는 이 폐허 위에 무엇을 다시 세우고 어떻게 재건할 것인지, 진지하게 고민해야 할 때입니다.

> 대한민국의 정치 세력에는 보수 정당, 진보 정당 두 세력이 있습니다. 각 정당에 대해서 먼저 짚어보죠.
> 지난 8년간 한국의 보수 정당이 배출한 2명의 대통령이 모두 파면됐습니다. 지금 한국 보수 정당이 어떤 상태라고 보십니까?

매우 심각하다고 할 수 있죠. 한국 정치가 최소한 한 걸음이라도 앞으로 나아갔던 시기를 떠올려보려면, 꽤나 과거로 거슬러 올라가야 합니다. 특히 정치가 중요한 진전을 이루었던 시기는 보수 세력이 '중산층'이 수용할 수 있는 진보적 의제를 과감히 제시했을 때였고, 반대로 진보 세력이 일정 부분 보수적 가치를 수용하며 의제를 설정했을 때였습니다.

대표적인 예가 1988년 노태우 정부 때의 북방정책입니다. 돌아보면 냉전 시기에 동유럽, 중국, 소련과 수교한 역사적인 사건이 보수 정부하에서 이루어졌습니다. 당시 평화민주당의 김대중 총재가 대통령이었다고 해도 같은 정책을 추진하기는 어려웠을 겁니다. 김영삼 정부 시기 시행됐던 하나회 척결이나 금융실명제 도입 등도 당시 보수 정당인 민주자유당이 추진한 개혁적 조치들이었습니다.

박근혜 전 대통령의 제18대 대선 당시 공약이었던 경제민주화 역시 주목할 만한 대목입니다. 그러나 오늘날 보수 정당이 그러한 수준의 정책을 다시금 제안할 수 있는 역량이 있는지는 매우 회의적입니다. 거의 불가능하다고 할 수 있어요. 이러한 맥락에서 보면, 현재의 보수 정당은 30년 전보다도 정치적 자산이 현저히 줄어들었고, 과거보다 더욱 후퇴한 상태에 놓여 있습니다.

보수 진영에 필요한 건 '소울서칭'

그러한 문제의식의 출발점, 보수 정당 정치의 심각성은 언제부터 심화되었을까요?

오늘날 한국 정치에서 가장 심각한 문제는 특정 정당의 이념적 성향보다는, 정치 지형 전반의 구조적 양극화에서 기인한 겁니다. 최근 들어 몇몇 대통령의 행보는 그러한 양극화의 폐해를 극명하게 드러내고 있습니다. 정치적 입장과 무관하게, 이제는 상대 정당을 협력적 파트너가 아니라 제거의 대상으로 간주하는 태도가 일종의 정치적 '기본값'으로 자리 잡게 된 거죠.

윤석열 전 대통령을 예로 들어보면, 국회를 '범죄자의 소굴'이라 표현하고, 그 안에 '간첩'이 있다고 주장하면서 국회의 구성원들을 대화의 상대로조차 인정하지 않았습니다. 이러한 태도는 정치적 대립을 한층 더 격화시켰고, 결국 12.3 비상계엄 사태는 그 긴장의 마지막 폭발점이라고 할 수 있죠.

이명박, 박근혜 전 대통령이 재임한 9년이 보수 정당의 전성기라고 할 수 있을 텐데요. 그때만 해도 오히려 민주당 쪽에서 '기울어진 운동장'이라는 표현을 썼습니다. 언론에서도 보수 진영이 한국 정치의 주류라고 말해왔고요.

그런데 어느 순간부터 선거 전문가들이 더 이상 한국 정치에서 보수는 주류가 아니라는 얘기를 하고 있습니다.

현재 한국 보수 정당은 주류 정치에서 점차 이탈하고 있습니다. 저에게 보수 정당의 전성기가 언제였느냐고 묻는다면, 2008년 총선을 정점으로 꼽고 싶습니다. 이명박 정부가 갓 집권을 시작한 후 치러진 제18대 국회의원 선거에서 집권당이었던 한나라당은 전체 299석 중 153석을 획득해 단독 과반을 확보했었어요. 더 주요하게는 서울 지역 48석 중에서 40석을, 수도권에서만 81석을 얻어 당시 야당이었던 통합민주당의 26석을 압도했죠. 최근 두 번의 총선 수도권 성적표와 비교해보면 상전벽해가 아닐 수 없습니다.

당시 한나라당은 지역·계층·세대 측면에서 전략적 확장을 시도했어요. 고故 정두언 의원이 제시한 '심중=中' 전략, 즉 공간적으론 '수도권', 계층적으론 '중산층', 이념적으론 '중도'를 핵심 타깃으로 삼았던 것이 대표적입니다. 실제로 그 전략은 일정 부분 성과를 얻었고, 그 덕에 서울·인천·경기 등 수도권에서 한나라당이 압도적인 승리를 거뒀습니다. 그러나 그 이후부터는 보수 정당이 계속 내리막길을 걸었습니다. 왜 그랬을까요? 삼중 전략이 함의하는 여러 정책적 의제를 놓친 결과라고 할 수 있죠.

특히 박근혜 정부 이후부터는 소위 '리버럴 보수층'이 이탈하기 시작했고, 윤석열 정부 들어서는 그 이탈 현상이 사실상 결정적 국면에 이르렀습니다. 장기적으로 보수 세력이 새로운 정치 의제를 개발하지 못한 것은, 지역과 고령층 중심의 '콘크리트 지지층'에 안주했기 때문이라는 지적도 피하기 어렵습니다. 이른바 586세대가 이제는 60대에 다다른 지금, 과연 보수 정당의 지지 기반은 어디에 있는지 근본적인 성찰이 필요한 시점입니다.

오늘날 보수 정당은 새롭고 젊은 보수와 전통적 보수가 동거할 수 없게 되었어요. 개인주의적 보수가 국가 주도 경제성장 보수와 동거할 수 없게 되었고, 문화적으로 개방되고 자유로운 보수가 소위 '태극기' 안보 보수와 동거할 수 없게 되었습니다. 다시 말해, 보수 진영의 정체성과 가치가 어디에 뿌리를 두고 있는지를 되묻는, '소울 서칭 soul searching'을 해야 할 때입니다.

그러면 소울 서칭을 통해서 어떤 의제를 선점하고 던져야 보수 세력이 살아날 수 있습니까? 지금 국민의힘에 필요한 것은 무엇일까요?

지금 가장 우선으로 다뤄야 할 과제는 이번 비상계엄 사태를 보수 정당이 어떠한 방식으로 넘어설 것인가에 대한 명확한 입장 정립입니다. 이것이야말로 향후 논의를 위한 가장 기초적인, 그리고 필수적인 첫 번째 단계라고 생각합니다.

그러나 현재까지 이 중대한 사안에 대한 분명한 입장이나 설명은 제시되지 않고 있습니다. 저는 이 문제에 대한 사회적·정치적 합의가 먼저 이루어져야만, 보다 더 종합적이고 구조적인 논의, 즉 '그랜드 플랜'에 해당하는 정치 개혁이나 국가 비전의 설정으로 나아갈 수 있다고 생각합니다.

진보 진영의 과제는 무엇인가

보수 진영이 주류가 아니라면 상대적으로 지금 한국 정치의 주류는 민주당과 진보 세력이라고 할 수 있지 않겠습니까? 이 진영이 해결해야 할 과제는 무엇일까요.

사실 정치적 책임은 한쪽만의 문제가 아닙니다. 손뼉도 마주쳐야 소리가 나는 것처럼, 시간 프레임을 상당히 거슬러 올라가보면 지금의 정치적 교착은 진보 진영에도 일정 부분 책임이 있습니다. 현재의 민주당, 혹은 이른바 진보 계열 정당은 과거의 '이념적 다양성'과 '의제 중심성'을 상당 부분 상실한 채, 단일대오의 정당이 되어버렸습니다. 그런 상황에서 지금은 모든 주요 의제가 민주당을 경유해야만 유의미한 정치적 논의가 가능한 구조가 되었죠.

저는 이러한 상황을 '블루워싱blue-washing'이라고 표현합니다. 예를 들어 할리우드에서 사회적 문제들을 다룰 때, 심지어 인종 갈등 같은 것들조차도 모든 것을 백인들의 관점에서 백인 배우들의 입장을 통해 전달하는 것을 '화이트워싱Whitewashing'이라고 하잖아요? 한국에서 진보적 의제들이 민주당을 통하지 않으면 캐스팅조차 되지 않는 상황을 '블루워싱'이라 표현할 수 있을 것 같아요.

정치가 반드시 다뤄야 하지만 놓치기 쉬운 의제들, 예컨대 환경·여성·기후·노동이나 지역 정치는 진보와 보수를 막론하고 공론장에서 다뤄져야 할 매우 중요한 의제들이지 않습니까. 그런데 이런 의제들이 민주당을 통해서, 민주당의 시각을 거치지 않으면 제기될 수조차 없는 우리 정치 구조에 문제가 있다는 거죠. 민주당이 그런 의제들에 정치적 실익이 있다고 생각할 때까지는 계속해서 방기하게 될 겁니다.

공적 마인드가 부재한 K-엘리트들

그러한 양극화된 정당 정치의 결과가 이번 비상계엄 사

태라고 할 수 있을 텐데요. 이번 비상계엄으로 드러난 우리 사회와 정치의 가장 큰 문제점은 무엇이라고 보십니까?

예전부터 있었던 문제지만 이번 비상계엄 사태를 통해 가장 첫 번째로 드러난 것은 우리 정치 리더십의 취약성이 아닌가 생각합니다. 이번 비상계엄은 어쩌면 'K-엘리트의 파산'이 선고된 사건이라고 할 수 있어요. 윤 전 대통령의 비상계엄 선포는 단지 한 정치인의 일탈이 아니라, 한국 사회를 이끌어온 이른바 K-엘리트 집단의 구조적 한계를 드러낸 사건이었습니다. 윤 전 대통령은 제가 몸담은 대학의 졸업생이기도 하기에, 이번 사태를 보며 우리 교육과 사회가 리더를 어떻게 길러왔는지 되돌아보게 되었습니다.

우리는 아이들에게 좋은 학교에 진학해서 어려운 시험을 통과하고 판검사나 공무원, 의사, 교수 같은 직업을 가지라고 강변해왔습니다. 그런데 그 과정에서 쓰는 어휘를 살펴보면, 국가시험이나 자격 같은 것을 우리는 '딴다'라고 표현합니다. 그것을 따서 취하면, 마치 도덕적 우월성과 판단력, 심지어 인격 같은 것도 따라온다고 생각하는 거죠. 그런데 이번 사태로 서울대를 나와, 어려운 국가시험에 합격한, 그리고 전문적인 경험을 쌓아서 고위직에 오른 K-엘리트들이 오히려 무능하거나 심지어 공동체에 해악을 끼칠 수 있다는 사실을 깨닫게 된 겁니다.

어떻게 보면 윤 전 대통령은 K-엘리트의 표본 같은 분입니다. 서울대를 졸업하고 사법시험에 합격해서 오랜 관료 생활을 해온 사람이니까요. 윤석열 정부의 출범은 그런 의미에서 세계사적으로도 유례없는, 한국의 발전국가를 이끌고 주도했던 강력하고 효율적인 K-관료가 직접 통치를 하게 된 사건이기도 합니다.

그러나 윤 전 대통령은 정치적 숙고와 설득 대신 관료제적 효율과 명령에 기반해 국정을 운영했고, 이것이 결국 헌정질서를 무너뜨리는 무참한 실패로 이어지면서 K-관료, K-엘리트의 민낯을 보여줬습니다.

근거 없는 자신감, 법 테두리 내에서는 무엇이든 할 수 있다는 잘못된 믿음은 여야와 좌우를 막론한 K-엘리트의 공통점입니다. 하지만 가장 심각한 문제는 이들을 둘러싸고 있는 공동체보다 자신의 가족과 조직을 먼저 생각하는 '공적 마인드'의 부재가 아닌가 합니다. 이번 비상계엄 사태는 어쩌면 K-엘리트의 허위의식이 정치의 장으로 진입한 순간부터 이미 예고된 파국이었는지도 모릅니다.

포스트 계엄 세대 탄생의 의미

45년 만에 선포된 비상계엄은 우리 사회로서는 뼈 아픈 일이지만, 비상계엄을 저지하고 다시 한번 민주주의를 지켰다는 면에서 우리 사회에 어떤 긍정적인 영향도 있을 것 같아요.

비상계엄 사태 직후, 서울대에서는 수천 명의 학생이 아크로폴리스 광장에 모여, 학생총회 성립요건을 채우기 위해 몇 시간에 걸쳐 매우 복잡한 입장 인원 확인 절차를 지키고, 또 표결·검표 절차를 거쳐서, 그 결과로서 대통령의 퇴진을 요구하는 안건을 의결하는 것을 목격했습니다. 기성세대가 정치에 '무관심하다'고 폄훼하던 청년들이 오히려 대통령도 지키지 못한 원칙과 절차를 철저히 따르면서 민주주의의 핵심 가치를 보여준 거죠.

    비상계엄 당일 국회에서 시민들과 맞서야 했던 계엄군 역시 같은 교과서로 민주주의를 배운 또 다른 청년 세대였습니다. 그들은 명령 앞에서도 물리적 충돌을 피했고, 유혈 사태를 끝내 허락하지 않았습니다. 시위하는 청년과 제복 입은 청년이 각자의 자리에서 폭력을 거부한 이 연대는, 우리가 지켜낸 민주주의의 가장 강력한 방어선이었습니다. 12.3 비상계엄은 우리의 청년 세대, 즉 이 '포스트 계엄 세대'가 얼마든지 우리 공동체를 잘 이끌어갈 수 있게 훌쩍 성장했다는 사실을 보여주었다고 평가합니다.

개헌은 지금 필요한가?

12.3 비상계엄이 우리 사회의 부정성뿐 아니라 긍정성도 보여줬습니다만, 이런 일이 계속 반복된다면 대한민국이 치러야 할 대가가 너무 크지 않나 생각합니다.
이를 막기 위해서 선거제 개편이나 제왕적 대통령제를 고치자는 논의가 급물살을 타고 있어요. 이런 개헌 논의의 방향성에 대해서는 어떻게 보세요?

이번 비상계엄 사태는 우리 헌정질서가 외부로부터 강한 공격을 받은 사건이었습니다만, 헌법 자체의 결함 때문에 발생한 일은 아닙니다. 물론 우리 헌법이 오래되었기 때문에 근본적인 개혁을 해야 한다는 문제 제기는 오래전부터 있었습니다. 그러나 이번 비상계엄 사태는 헌법이 낳은 결과라기보다는, 외부적 충격으로 인해 생긴 '예외적 상황'이었다고 봅니다.

비유하자면, 심각한 교통사고를 당한 사람이 있는데, 수술하는 김에 뇌수술까지 하자는 식의 논리가 아닌지 생각해보자는 말입니다. 현시점에서 국가 대개조나 전면적인 개헌을 한꺼번에 추진하자는 발상은 따라서 바람직하지도, 현실적이지 않은 얘기예요.

개헌 논의를 접할 때마다 저는 늘 우리가 헌법을 완전무결한 '신성한 문서'라고 여기기 때문에 개헌이 어려운 게 아닐

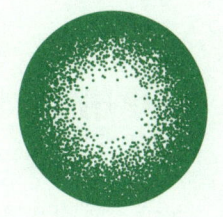

"이번 비상계엄 사태는
우리 헌정질서가 외부로부터
강한 공격을 받은
사건이었습니다만,

헌법 자체의 결함 때문에
발생한 일은 아닙니다."

까 생각합니다. 우리는 '개헌'이라고 하면 헌법 전문에서부터 문구 하나하나 완전히 새로운 헌법을 쓴다고 생각하거든요. 역사에 남을 명문을 헌법 전문에 넣고 싶어 하시는 분이 우리나라에 아마 수백 명은 계실 겁니다.

항상 개헌 논의라고 하면 헌법 전문에 대한 논쟁을 떠올릴 정도로 헌법 전문에 대해서조차 합의에 이르기가 어렵습니다. 매우 추상적인 헌법 전문이 그럴진대, 하물며 이후의 수백 개의 쟁점을 모두 타결하고서 탄생시켜야 할 새로운 완결체로서의 신新헌법, 저는 그것이 거의 불가능에 가깝다고 생각합니다.

따라서 저는 미국의 헌법처럼 '어멘드먼트Amendment', 즉 기존 헌법에 수정헌법에 대한 설명을 추가하는 '원포인트 개헌 방식'이 훨씬 더 현실적이라고 봅니다. 지금으로서는 우리에게 가장 중요한 정치적 문제가 무엇인지 정의하고, 그것이 어떤 헌법 조항에서 비롯되었는지를 분명히 한 뒤, 그 한두 개의 조항을 고치겠다고 제안하는 대통령이 필요합니다.

여당과 야당, 최소한의 관계 회복이 출발점

앞서 현재의 정치 위기는 진보와 보수 진영의 양극화, 상대방을 제거의 대상으로 간주하는 태도에서 비롯되었다고 이야기하셨는데, 대한민국 정치를 다시 '리부트'하려면 각각의 정치 주체들이 무엇부터 해야 할까요?

'리부트'라는 표현에 대해서는 다시 생각해볼 필요가 있습니다. 대한민국이라는 국가 자체, 혹은 우리 공동체의 정치를 근본부터 완전히 뒤집고 새로 시작하는 것은 현실적으로 매우 실현하기 어려운 일입니다. 개헌, 국가 대개조, 리부트와 같은 표현들이 지금은 다소 슬로건처럼 소비되고 있는 것 같아 안타까운 마음입니다.

오히려 우리가 지금 처한 상황은, 앞서 말씀드린 교통사고 비유를 다시 떠올리자면, 근본적인 수술보다 '정상'으로의 회복이 먼저 필요한 것이 아닌가 생각해요. 가장 기본적이고 쉬운 것조차 합의가 안되는데 국가 대개조를 할 수 있을까 하는 걱정이 있습니다.

그래서 저는 가장 기본적인 것부터 회복됐으면 하는 바람입니다. 일단 최소한의 정치를 위해 무조건적인 적대감에서 벗어나 실질적인 대화를 나눌 수 있는 공간을 확보해야 합니다. 여야를 막론하고 정치인들이 함께 밥도 먹고, 국회 목욕탕에서 우연히 만나 대화도 자연스럽게 나눌 수 있는, 그런 최소한의 관계부터 회복되었으면 좋겠습니다.

사실 대통령이 야당 대표를 대화의 상대로 인정하지 않고, 국회에서 올라오는 법안들에 거부권을 행사하고, 이에 대항해 국회가 탄핵을 남발했던 악순환을 떠올려보면 대화와 타협의 공간이 얼마나 중요한지 알 수 있습니다. 이재명 대통령은 그래도 최소한 야당 대표들, 야당 인사들과 적극적으로 대화의 자리를 마련하는 것 같아서 다행이라고 생각합니다. 여야가, 행정부와 국회가 서로 합의 가능한 정책이 무엇인지 찾고, 함께 의결해나가는 모습을 보여주는 것이야말로 지금 이 공동체에 가장 필요한 첫걸음이라고 봅니다.

비상계엄이 남긴
보수와 진보의 과제

보수와 진보 진영의 협치가 무엇보다 중요하고, 그러기 위해선 서로를 적이 아닌 공동체로 보는 단계부터 시작해야 된다는 말씀이신데요.
그렇다면 각 진영이 '정당 정치'의 재건을 위해서 무엇을 해야 한다고 보십니까?

보수 진영에 대해서는 다양한 평가가 가능하겠습니다만, 우선 현재 국민의힘이 보수 진영을 대표하는 정당이라는 점은 부인하기 어렵습니다. 이 정당이 공천하고 당선시켰던 '1호 당원'인 대통령이 비상계엄을 선포했던 상황에서, 국민의힘이 이를 정리하는 것은 매우 중요한 과제입니다.

　그러나 대통령의 파면 이후의 선거 과정에서, 그리고 새 정부가 출범한 지도 한참이 지난 지금까지도 여전히 국민의힘은 비상계엄에 대한 명확하고 일관된 공식 입장을 정리하지 못하고 있는 것 같아서 안타깝습니다. 쉬운 일이 아닐 것은 분명하지만 그것이야말로 보수 진영이 다시 신뢰를 회복하는 첫 번째 단계가 될 겁니다.

　이번 대선에서 김문수 후보가 얻은 41.15%라는 득표율은 한국 보수 진영에 던져진 심각한 딜레마를 뜻하기도 합니다. 최근 진행된 서울대 국가미래전략원 조사에 의하면, 응답자의 8%가 적극적으로 비상계엄에 찬성했습니다. 이 지지자들을 보수 정당의 틀 안에서 적절하게 안고 가면서 중도 유권자들을 소외시키고 갈 것인지, 아니면 이들을 두고서 새로운 중도 확장을 가능하게 해줄 '혁신적' 변화를 모색할 것인지를 고민해야 하는 과제가 주어진 거죠.

　한편 진보 진영, 특히 현재의 민주당은 매우 다양한 의제를 포괄하고 있는 일종의 '엄브렐라 정당'의 성격을 띠고 있습니다. 앞에서도 말씀드렸지만 예전에는 한국 정치에 환경·노동·여성·지방자치 등 굉장히 다양한 스펙트럼의 진보적 의제가 있었는데, 지금은 민주당의 '의제 선점'이 오히려 이런 논의들의 통로를 막고 있는 것은 아닌지 되돌아볼 필요가 있다고 생각합니다. 단적으로 '위성 정당'이라는 매우 뒤틀린 제도를 통해서만 생존을 유지할 수 있는 몇몇 군소 정당을 보면 문제가 명확해집니다.

어렵고 힘들더라도
대화하고 설득하는 것부터

정치는 정치인만의 과제가 아니지 않습니까? 이번 대통령 선거 결과를 보면, 비상계엄이라는 초유의 사태가 있었음에도 기존에 양극화된 양상과 거의 같은 결과가 나왔는데요.
우리 시민들이 가져야 할 태도, 혹은 문제의식은 무엇이라고 생각하십니까?

정치 양극화라는 현상이 정치 엘리트, 혹은 정치인들 사이에서 먼저 일어나고 대중은 이들에 의해 '선동'만 당하는 것이라고 볼 수는 없습니다. 오히려 일반 대중들의 흐름에 정치인들이 따라가거나 편승하기도 한다는 사실을 우리는 이미 잘 알고 있어요. 그런 의미에서 정치적 입장이 다른 상대방에 대한 존중, 이들과 대화하고 설득하려는 민주주의적 태도는 정치인들에게만 요구되는 것은 아닙니다.

소셜미디어, 유튜브 등의 뉴미디어를 통해 양적으로 폭발한 정치 정보의 생산과 공유가 더 나은 소통과 더 나은 민주주의를 가져올 것이라는 나이브한 믿음이 한때는 있었습니다. 그러나 이제 그것을 믿는 사람은 없고, 오히려 전 세계적으로 도래한 '민주주의 퇴조democratic backsliding' 현상의 한 원인으로 지목되고 있어요. 이미 오래전에 정치 토론의 중심이 온라인으로 옮겨 갔고, 온라인 공간은 검투사들의 피 흘리는 싸움을 대중들이 열광하면서 지켜보는 곳이 되었습니다. 이곳에서 대화와 존중, 민주적인 태도를 기대하는 것 자체가 어불성설인지도 모르겠습니다.

그래서 결국은 시민들에게 보다 더 손쉽고 흥미로운 온라인에서의 '배틀'보다 좀 더 어렵고 힘든 토론과 참여를 요구할 수밖에 없습니다. 정치 토론이 불편하다고 피하지 말고 부모님, 자녀, 친척들과 얼굴 붉히지 않고 이야기하려는 시도도 중요하다고 생각합니다.

새로운 대통령에겐
소통과 정치의 복원이 필요한 시점

마지막으로 새롭게 탄생한 대통령에게는 어떤 과제가 있을까요? 정치적으로 가장 시급하고 이번 정권에서 반드시 해결해야 할 문제는 무엇이라고 보십니까?

돌이켜 생각해보면 지난 비상계엄 사태 이후, 한국 정치의 시계는 멈췄다고 해도 과언이 아닙니다. 약 반년 사이에 트럼프가 취임했고, 국제 정세가 요동을 쳤고, AI 혁명은 주변을 바꿔놓고 있습니다. 예측하기 어려운 대격변이 일어나고 있는 와중에 정부는 국민에게 어디로 갈 것인지 방향조차 알리지 못했던 겁니다. 아마도 새로운 대통령은 외교정책, 경제정책, 과학정책, 교육정책 등을 포함한 거의 모든 영역의 빠른 '리부트'를 요구받고 있을 겁니다. 결코 쉬운 일이 아니죠.

그럼에도 불구하고, 이런 모든 일을 잘 처리할 수 있는 비결은 결국 '정치의 복원'이 아닌가 합니다. 윤 전 대통령을 포함해 역대 대통령들의 실패는 무엇보다도 국회, 행정부, 여당, 야당, 그리고 국민과의 소통의 실패에서 비롯되었습니다. 현재까지 이재명 대통령의 행보를 보면, 그 자신이 적극적으로 소통에 나서는 '소통 책임자Chief Communicator'의 역할을 하고 있다고 할 정도로 이런 문제점을 잘 인식하고 있음을 알 수 있습니다. 아무리 시급한 정책적 결정일지라도, '정치의 길'이 돌아가는 길 같아도, 그것이 사실은 지름길이라는 생각을 가졌으면 합니다. ●

"아무리 시급한 정책적 결정일지라도,
'정치의 길'이 돌아가는 길 같아도,

그것이 사실은 지름길이라는 생각을
가졌으면 합니다."

경제

집 말고 주식에 돈이 흘러야 나라가 산다

▶▶▶

이광수

경제·투자·부동산 독립 리서치 회사 '광수네 복덕방'을 운영하고 있다. 과거에 건설 회사를 다녔으며 오랫동안 미래에셋증권에서 애널리스트로 활동했다. 현재는 명지 대학교 대학원에서 겸임교수로 학생들을 가르치고 있다. 최근에는 국정기획위원회 의 경제분과 자문위원으로 활동했다. 《매일경제》《한국경제》 베스트 애널리스트 선 정, 한국IR협의회 최우수 IR로 선정됐으며, 국내 애널리스트로는 처음으로 레피니티 브Refinitiv에서 수여하는 '아시아 최고 애널리스트Overall Top Stock Picker' 상을 받았다. 대표 저서로는 《어떻게 살 것인가》《집이 온다》《골든 크로스》(공저)《아무도 행복하 지 않은 나라》(공저)가 있다.

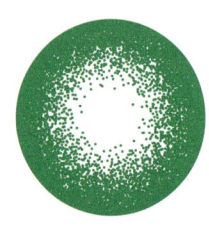

"한국 경제가 지금처럼
계속 저성장 국면에 머무르지 않기 위해,
반드시 돌파구를 찾아야 한다는 차원에서
중요한 해법이 될 수 있습니다.

핵심은 분명합니다.
'배당을 통해 국민이 수익을 얻고,
그 돈으로 소비를 늘려야 한다'는 거죠."

REBOOT

한국의 자산 시장은 부동산에 쏠린 투자 편중과 불평등 구조로 인해 중산층의 붕괴를 가속화하고 있다. 이제 대한민국은 실수요자는 집을 살 수 없고, 부동산은 더 이상 '사는 곳'이 아니라 '사는 사람만 사는 곳'이 되었다. 이광수 대표는 현재 부동산 시장의 불균형을 '유동성 과잉'과 '투자 수단으로 전락한 부동산'이라는 두 가지 축으로 진단한다. 그렇다면 질문은 분명하다. 집값을 잡기 위한 정부의 의지는 과연 실재하는가? 부동산 정책은 정치와 분리될 수 있는가? 주식으로 유도된 유동성은 과연 부동산이라는 블랙홀을 피해 갈 수 있는가?

일러두기 2025년 7월 25일에 진행한 인터뷰입니다.

리부트 대한민국

REBOOT

부동산, 투자 수단 되면서 집값 상승

지난 6월 27일에 이재명 정부의 첫 번째 부동산 정책이 나왔습니다. 현재 부동산 시장의 전반적인 분위기는 어떤가요?
거래량과 시세 등을 종합적으로 판단했을 때, 과열된 상황입니까, 침체 국면입니까?

2025년 들어서, 특히 서울 아파트를 중심으로 가격이 꾸준히 상승세를 보였습니다. 그러던 중 6월 27일 정부가 강도 높은 대출 규제 대책을 발표했죠. 뒤에서 더 자세히 말씀드리겠지만, 이 조치가 시장에 빠르게 영향을 미쳤습니다. 7월 들어서는 눈에 띄게 시장이 냉각되는 안정세의 흐름을 보이고 있어요.
　시장의 온도를 가늠할 수 있는 핵심 지표는 거래량인데요. 6월만 해도 서울 아파트 거래가 1만 2000건을 넘어섰습니다. 하지만 7월에는 4000건 수준으로 예상되어서 단기간에 거래가 급감한 상황입니다. 즉 단기적인 수요 조절에는 정부의 규제가 일정한 효과를 발휘했다고 볼 수 있죠.

> 서울, 특히 강남이나 이른바 마용성, 즉 마포구·용산구·성동구처럼 대표적인 지역의 부동산 가격은 장기적으로 꾸준히 상승해오지 않았습니까? 1997년 IMF 외환위기나 2008년 리먼 사태처럼 일시적인 하락 국면도 있었지만, 전체적으로는 우상향 곡선을 그려왔죠.
> 이렇게 특정 지역의 집값이 지속적으로 오르는 근본적인 원인은 무엇인가요?

최근 몇 년간 부동산 가격이 상승한 가장 큰 원인은 '유동성'입니다. 즉 시장에 자금이 대규모로 풀리면서, 그 유동성이 부동산 시장으로 집중된 겁니다. 특히 투자 자산의 특성상 유동성은 수익이 나는 곳으로 몰리기 마련인데, 우리나라의 부동산이 점점 더 '투자화'되는 방향으로 바뀌어 왔거든요. 그러다 보니 자산으로서의 가치가 있다고 여겨지는, 다시 말해 돈이 되는 지역의 가격만 급격히 오르는 현상이 벌어졌어요.

　　서울 아파트, 특히 강남권처럼 상징적이고 선호도가 높은 지역은 '돈이 될 것'이라는 믿음이 강하게 작용했고, 그 결과 유동성이 쏠리면서 가격 상승을 이끌게 된 겁니다.

유동성을 주식으로 돌리려면
정교한 정책이 필요

이재명 정부는 지금까지 부동산에 과도하게 몰렸던 자산을 주식시장으로 유도하려는 정책 방향을 제시하고 있습니다. 이런 전략이 성공한다면, 사람들의 인식도 바뀌어서 이른바 '똘똘한 한 채'보다는 주식이 더 나은 투자 수단이라는 판단으로 이어질 수 있을 텐데요.
실제로 그렇게 되면 집값 안정에도 영향을 줄 수 있을까요?

주식시장으로 자산 흐름을 유도해서 집값을 안정시키겠다는 방향 자체는 타당하다고 생각합니다. 그렇게 되면 상승률이 둔화될 가능성이 있고, 과도하게 오른 지역은 하락할 수도 있겠죠. 자산이 몰리는 경로를 바꾸는 것이기 때문에, 부동산 시장에도 분명한 영향은 있습니다. 다만 정책의 설계와 실행이 얼마나 정교하냐에 따라 그 효과의 크기나 방향은 달라질 겁니다.

리먼 사태나 IMF 외환위기 외에, 국내에서 집값이 잡혔던 시기와 그 배경이 데이터로 나타난 사례가 있습니까?

서울 아파트 가격이 최근에 가장 크게 하락했던 시점은 2022년입니다. 그해에는 강남 지역 아파트 가격도 수억 원씩 하락하는 사례가 나왔어요. 이처럼 뚜렷한 하락세가 나타난 가장 큰 원인은 '금리'였습니다. 2022년 당시 기준금리가 최고 3.25%, 주택담보대출 금리가 최고 7%까지 가파르게 오르면서 유동성이 급격히 축소됐죠.

돈이 부동산 시장으로 유입되지 않으니 가격은 자연스럽게 떨어질 수밖에 없었던 겁니다. 이처럼 유동성의 흐름이 차단되면 자산 시장은 즉각적으로 반응합니다.

정부는 진짜 집값을 낮추고 싶은 걸까?

결국 유동성의 문제라는 말씀이시군요. 그렇다면 과거의 데이터를 참고했을 때, 현 정부가 세워야 할 부동산 정책의 핵심 목표는 무엇이라고 보십니까?

지금 한국 부동산 시장의 핵심 문제는, 수도권을 중심으로 중산층 가구가 감당할 수 없는 수준까지 집값이 상승했다는 점입니다. 그러니까 쉽게 말해서 너무 비싸다는 거죠. 예를 들어 강남의 40억 원 아파트를 매입할 때 20억 원을 대출 받는 사례가 흔합니다. 그런데 이 경우 매달 약 1000만 원의 이자가 발생해요.

이는 자신의 소득 능력을 초과하는 무리한 매입이 가능하도록 구조화되어 있다는 뜻입니다. 능력이 안 되는데 대출이 나오니까 그렇게 집을 사고 있는 거예요.

이 말씀을 드리는 이유는, 결국 핵심은 집값을 중산층도 감당할 수 있는 수준으로 낮추는 것이 이 정부의 목표냐는 겁니다. 만약 그것이 진정한 정책 목표라면, 그 기준에 따라 모든 정책이 설계되어야 하겠죠. 여기서 중요한 물음이 생깁니다. '과연 지금 정부는 진심으로 집값을 낮추고 싶어 하는가?' 이런 근원적인 질문부터 먼저 짚고 가야 합니다.

> 그러면 과거 정부는 차치하고, 이재명 정부가 집값을 실질적으로 낮출 의지가 있는지는 아직 단정할 수 없다는 말씀이신가요?
> 정부가 정말로 집값 인하를 목표로 삼고 있는지는, 앞으로 어떤 정책들이 나오는지를 지켜봐야 한다고 해석이 되는데요.

그렇습니다. 정부가 정말로 집값 하락을 목표로 한다면, 그에 걸맞은 후속 정책들이 일관되게 따라붙어야 하죠. 그런데 과거에 그렇지 않은 경우들이 있었어요. 왜 이런 문제가 생기냐 하면 한국은 부동산을 '정치적'으로 해석하기 때문입니다. 부동산을 단순한 시장 문제로 보지 않고 정치적 이해관계로 해석하면, 집값이 떨어지면 안 되거든요. 무주택자보다 집을 보유한 사람들이 많으니까 집값을 떨어뜨리는 정책이 정부에 불리할 수 있습니다. 즉 정부의 정치적 목적이 집값을 떨어뜨리는 것이냐, 안정시키는 것이냐, 혹은 상승 시기만 조절하려는 것이냐 다 다를 수 있다는 겁니다.

그런데 만약 떨어뜨린다는 목표를 세운다면 그런 정책은 굉장히 많아요. 예를 들어서 저는 가장 강력한 대책이 '가계부채 구조조정'이라고 생각하거든요. 그런데 이번에 나온 6.27 대출 규제 정책은 신규 대출자에게만 적용이 됩니다. 신규 대출자들은 수도권에 집을 살 때 6억 원 이상의 주택담보대출을 받지 못하게 되어 있죠. 물론 2주택 이상을 보유한 다주택자한테도 추가 주택담보대출을 원천 차단하는 대책도 포함되어 있긴 하지만, 저는 집값 하락을 유도하려면 기존 대출자에게도 규제를 적용해야 한다고 봅니다. 기대출자 중에 다주택자들에게도 주택담보대출을 만기 연장할 때 신규 대출자와 똑같이 대출 규제를 적용하는 겁니다.

또 하나 중요한 지점은 이렇습니다. 사람들이 집을 갖고 있으면 그 주택을 담보로 대출을 받지 않습니까. 그런데 집값이 하락하면, 담보 가치가 떨어지는 거고 주택담보비율LTV이 높아지게 되죠. 은행 입장에선 그만큼 담보가 부족해진 상황이 되는 것이니, 추가 상환을 요구해서 갚게 만들어야 합니다. 이렇게 한다면, 자연스럽게 주택을 시장에 내놓게 되고 집값은 굉장히 빠른 속도로 떨어질 겁니다.

증세보다는 공정한 세금

그런데 이재명 대통령은 후보 시절 '세금으로 집값은 잡지 않겠다'는 입장을 분명히 하지 않았습니까? 이 때문에 대규모 세제 개편은 당분간 없을 거란 전망이 나오고 있어요.
그럼에도 불구하고, 현 부동산 시장의 구조적 문제를 해소하기 위해서 손질이 필요하다고 보시는 세금 제도가 있을까요?

세금으로 집값을 잡지 않겠다는 말씀 자체는 좋습니다. 그런데 그보다 앞서 중요한 건 바로 세금 체계의 '공정성'입니다. 지금 한국의 부동산 관련 세금 구조는 근로소득이나 기타 소득에 비해 지나치게 낮은 세율을 적용받고 있어요.

　　최근 거래된 서울 성동구의 24평 아파트를 예로 들어보죠. 강남 3구도 아닌 지역인데, 60제곱미터 규모가 18억 7000만 원에 거래됐습니다. 3년 전 이 아파트의 매입가는 11억 5000만 원이었거든요. 불과 몇 년 만에 7억 2000만 원의 시세 차익이 발생한 거죠. 그런데 1주택자고 그 집에 거주했기 때문에 50%를 대출 받았어요. 수익률을 따지면 125%에 달합니다.

더 주목할 점은 세금입니다. 7억 원을 넘게 벌었는데, 납부한 양도소득세는 약 8000만 원, 세율로 보면 11% 수준입니다. 결국 최종 수익이 6억 4000만 원에 달해요. 그런데 만약 같은 돈을 근로소득으로 벌었다면, 소득세만 최소 1억 2000만 원 이상을 냈어야 해요. 세율로 보면 20%가 넘는 거죠.

이러한 과세 구조 때문에 지금 한국에서 가장 높은 수익률을 낼 수 있는 자산은 부동산입니다. 이 구조가 결국 내 집 마련을 넘어선 반복적인 '갈아타기', '투자' 혹은 '투기'의 동기로 이어져 부동산 시장 전반에 왜곡을 만들어온 거죠. 이 불균형이 지속되는 한, 부동산 시장의 안정은 요원합니다.

저는 세금으로 집값을 조정하자는 주장보다 먼저, 적어도 세금 체계는 공정해야 한다는 점을 강조하고 싶습니다. 그것이 지금 우리가 손봐야 할 가장 기본적인 출발점이라고 봐요.

그렇다면 집값을 인위적으로 낮추는 정책 수단은 충분하다는 건데, 이런 정책들이 또 역효과를 낼 수 있는 거잖아요.

결국 대표님께서는 정부가 집값을 무조건 떨어뜨리겠다는 목표를 세우기보다는, 시장을 좀 더 안정적으로 관리하는 쪽이 더 현실적인 방향이라고 보시는 건가요?

그렇죠. 그래서 두 가지 정책 방향이 같이 가야 된다는 거예요. 집값이 과도하게 오른 경우에는 일정 수준의 조정을 유도하는 것이 맞고, 반대로 과도하게 하락하지 않도록 하는 안전 장치도 함께 혼합해서 가야 한다는 거죠.

하지만 여기서 중요한 건 '안정적'이라는 단어 자체가 굉장히 추상적이고 해석의 여지가 많다는 점입니다. 결국 자산 가격이라는 건 본질적으로 오를 거냐, 떨어질 거냐 두 갈래 중 하나밖에 없거든요. 그러니까 정부가 어떤 수준을 '안정'이라고 정의하느냐에 따라 그에 따른 정책 방향도 달라질 수밖에 없는 거죠.

중산층이 살 만한 '질 좋은' 공공주택

정책에 관련해서 이야기를 나눠보죠. 최근 민주당의 경제정책 연구모임에 초청을 받아 '코스피 5000 시대 실현을 위해 민주당이 할 일'이라는 주제로 강연을 하셨다고 들었습니다.
그 자리에서 구체적으로 어떤 정책 제안을 하셨는지 궁금합니다.

제가 제안한 핵심 내용은 세 가지 정도였는데, 그중 첫 번째는 부동산 정책에 있어서 정부가 '공공의 역할'을 더 확대해야 한다는 겁니다. 여기서 공공의 역할이란 건 단순히 공공임대주택을 늘리는 차원이 아니라 부동산 유통시장에 더욱더 적극적으로 참여해야 한다는 거죠. 지금까지는 주로 주거복지 차원에서 취약계층을 위한 공급에 집중해왔지만, 이제는 일반 중산층도 누릴 수 있는 '질 좋은 공공주택'을 본격적으로 공급해야 한다는 제안이었습니다.

일단 현재 정부나 공공기관은 토지를 수용할 수 있는 강력한 권한을 갖고 있거든요. 이 수용권을 활용하면 공공이 직접 토지를 확보할 수 있고, 그렇게 되면 주택 공급 비용에서 가장 큰 비중을 차지하는 땅값을 낮출 수 있습니다. 실제로 우리가 살고 있는 아파트 가격의 상당 부분이 토지 가격이기 때문에, 공공이 나서서 토지 비용을 낮추는 구조를 만들면, 좀 더 저렴한 주택 공급이 가능합니다. 이건 구조적으로도 현실적으로도 가능한 방식입니다. 이렇게 공공이 시행사 역할을 맡아 직접 공급 비중을 확대하는 방식으로 전환해야 해요. 예를 들어 신도시 개발 시 일정 비율을 공공이 책임지는 식으로 말이죠.

이때 무엇보다 공공주택의 '질'이 좋아져야 한다는 게 핵심입니다. 스위스를 예로 들어볼 수 있는데요. 그 나라 사람들이 소득 수준은 한국보다 훨씬 높지만, 굳이 고급차, 스포츠카를 타지 않는 이유가 있어요. 버스 같은 공공교통수단의 질이 워낙 높기 때문이죠. 반면 한국은 출근길마다 공공의 낮은 질이 사람들의 욕망을 자극합니다. 자꾸 개인적으로 더 높은 것을 갈망하게 만드는 구조예요. 버스 창밖으로 바깥을 보면서 '나도 언젠가 빨간 스포츠카를 살 거야' 이렇게 된다는 거죠.

예를 들어 요즘 서울 강남의 고급 재건축 아파트는 단지 내에 수영장을 짓습니다. 그런데 공공시설로 제공되는 수영장이 호텔급으로 우수하다면, 굳이 개인 담장 안에 수영장을 만들 필요가 있을까요? 저는 이 지점이 매우 중요하다고 봅니다. '공공의 질'을 높여서 굳이 부동산 투자시장에 들어가지 않아도 되는, 욕망과 탐욕을 줄일 수 있는 시장을 조성하는 것. 이게 제가 첫 번째로 제시한 거죠.

두 번째는 '주택지분 공유제도'인데, 쉽게 말하면 임대인하고 임차인이 서로 계약을 해서 주택 지분을 나누는 겁니다. 임대인은 자기 집 지분 일부를 임차인한테 파는 대신, 임차인은 안정적으로 살 수 있는 권리와 나중에 그 집을 살 수 있는 권리를 갖게 되는 거죠. 이렇게 하면 임대인은 현금도 확보하고, 양도소득세나 종합부동산세 부담도 줄일 수 있습니다. 임차인 입장에서는 주거가 안정되고, 집값이 오르면 그 수익도 나눌 수 있어서 서로한테 좋은 구조가 됩니다. 그리고 앞서 설명한 가계부채 구조조정도 제안 중에 하나였죠.

정부가 시행사 역할까지 하면서 중산층을 위한 고품질

의 공공주택을 공급하려면, 결국 막대한 재원이 필요할 텐데요. 그 예산은 어디서 충당해야 할까요?

정부, 국민연금공단, 주택도시기금 등이 출자해 토지주택은행을 만들면 재원을 마련할 수 있습니다. 더하여 국민이 직접 투자자로 참여하는 구조가 필요합니다. 즉 부동산에 투자해 임대 수익을 배당하는 상품인 국민리츠REITs 같은 방식을 통해서 국민이 공공의 시행사에 투자할 수 있도록 설계하는 거죠.

어차피 부동산은 기본적으로 수익이 나는 구조인데, 지금은 대부분의 이익을 민간 건설사가 독점하고 있습니다. 그 구조를 바꿔서, 공공이 일부라도 시행에 참여하고 국민이 주주가 되면, 배당을 통해 이익을 나눌 수 있습니다. 이렇게 되면 그 배당으로 소비가 늘고, 내수 경제도 성장하는 긍정적인 순환이 생기겠죠. 실현 가능성은 충분합니다.

지방 부동산 살리려면, 정치와 경제를 분리해야 한다

최근 부동산 시장에서 서울, 특히 강남과 소위 마용성 지역은 여전히 과열된 반면, 지방은 침체 조짐이 뚜렷합니다.

> 지방은 인구 감소·미분양·집값 하락으로 '삼중고'를 겪고 있는데요. 지역 간 부동산 양극화가 심화되는 이 상황, 어떻게 풀어야 할까요?

이 문제는 핵심을 좀 더 근원적인 곳에서 찾아야 해요. 이건 지방 전체의 경기와 경제구조의 문제거든요. 예를 들어 부동산 가격이 하락한다고 해서 취득세를 깎아주거나 양도소득세를 없애서 시장을 떠받치려는 방식은 일시적으로 부동산 경기를 살려낼 수는 있습니다만, 그건 임시방편이고 결국은 또 다른 부작용을 낳게 됩니다. 그래서 지방에 좀 더 근본적인 변화를 만들 필요가 있어요. 인프라 투자를 확대하는 방식 같은 것으로 말이죠. 지금 지방 대도시에서도 미분양 물량이 쌓이고 있는데, 할인 분양을 하거나 세금을 감면해줘도 경기가 안 좋고 수익이 나지 않는데 누가 사겠습니까.

저는 지방 살리기의 핵심은 '우리가 할 수 없는 것에 집착하지 말고, 할 수 있는 걸 하자'는 입장입니다. 지방에 사람들을 더 모여 살게 하는 일종의 '메가시티', 즉 지방에 거점을 만들고 집중도를 높이는 방향이 현시점에서 우리가 할 수 있는 방법이라고 봅니다.

그런데 이런 구조를 제대로 설계하지 못하는 이유가 있어요. 바로 지역을 정치적으로 해석하기 때문이거든요. 예를 들어 이런 지방 거점 도시가 생기면 지역구가 줄어들잖아요. 제가 계

"예를 들어 이런 지방 거점 도시가 생기면
지역구가 줄어들잖아요.

제가 계속 강조하는 바는 이겁니다.
경제가 정치와 분리돼야
근본적인 개혁이 가능하다는 거죠."

속 강조하는 바는 이겁니다. 경제가 정치와 분리돼야 근본적인 개혁이 가능하다는 거죠.

> 메가시티 구상이 여야를 막론하고 여러 차례 제안된 바 있는데요. 예를 들어 '부울경(부산·울산·경남) 메가시티'처럼 지방에 인구와 자원을 모아 덩어리를 키우는 방식이 실제로 실현된다면, 그런 대도시화 전략은 어떤 효과를 기대할 수 있을까요?

사람들이 모여 살면 당연히 소비가 살아납니다. 그러면 자연스럽게 자체적인 경제 생태계가 만들어지죠. 각 지역에 멀리 떨어져 사는 것보다 밀도 있게 모여 있을 때 지역은 훨씬 역동적으로 변합니다.

물론 '그러면 원래 살던 곳은 공동화되는 거 아니냐'는 우려도 있을 겁니다. 그런데 지금 현실을 보세요. 거의 전 지방이 공동화되고 있잖습니까. 그래서 저는 오히려 선택과 집중이 필요하다고 봅니다.

일본은 오래전부터 이런 방식을 써왔어요. 오사카·교토·고베를 포함한 정치·경제·문화 중심지 게이한신京阪神 대도시권이 있죠. 우리도 지방 도시나 농촌이라 해도 거점을 중심으로 크게 만들어서 사람들을 모여 살게 해야 됩니다.

그리고 제가 또 하나 제시하는 방법이 '고향납세제도'입니다. 예를 들어 서울에 사는 호남 출신, 영남 출신인 사람들이 세금을 내면, 일정 부분은 자신이 태어난 고향으로 돌려주자는 거죠. 저도 고향이 서산인데, 지금은 경기도에 세금을 내고 있어요. 그런데 제가 서산이 잘되기를 원한다면 이걸 서산에 지정해서 낼 수 있게 하자는 겁니다. 그럼 고향의 재정 기반이 늘어나잖아요. 자연스럽게 돈과 사람이 모이면서 지역이 스스로 살아날 수 있게 되는 거죠.

코스피 5000 시대, 임기 내에 가능할까?

이번엔 주식 이야기를 해보죠. 이재명 대통령은 '코스피 5000 시대'를 공약으로 내걸었습니다.
현재 주식시장이 대체로 상승세고, 코스피는 3000선을 넘어서고 있는데요. 이 공약, 실현이 가능할까요?

저는 충분히 실현 가능한 수준이라고 봅니다. 현재 한국 주식시장은 명백히 저평가되어 있어요. 주가순자산비율PBR이란 게 기업의 주가가 자산 가치에 비해 고평가 또는 저평가되었는지를 보여주는 지표거든요. 그런데 최근 주가 상승에도 불구하고 여전히 코스피 PBR은 1배 수준입니다. 전 세계 주요 증시와 비교했을 때 가장 낮은 수준이에요. 일본은 약 2배, 미국은 5배, 대만도 3배고, 전쟁 위협이 큰 데다 정치적으로도 위험한 이스라엘조차 2배가 넘습니다.

　이처럼 과도하게 낮은 PBR은 상법 개정이나 기업 지배구조 개선 같은 정책적 변화가 동반될 경우 충분히 해소될 수 있는 구조라고 봐요. 실제로 PBR이 2배 수준으로만 회복되어도 지수는 6000선에 도달할 수 있어요. 다시 말해, 정부가 어떤 의지를 가지고 정책을 밀어붙이느냐에 따라 '코스피 5000'은 충분히 현실화 가능한 목표인 거죠.

이재명 대통령의 '코스피 5000 시대'라는 공약에 따라서 국민이 주식 배당으로 생활비를 충당하는 시대가 되면, 과도하게 부동산에 쏠린 자산 흐름도 분산되지 않겠느냐는 기대가 있는데요.
실제로 이 같은 선순환 구조가 실현된다면, 부동산 시장 안정에도 긍정적인 영향을 줄 수 있을까요?

가능성은 충분히 있어요. 왜냐하면 유동성이 더 이상 부동산에만 쏠리지 않게 되기 때문이죠. 지금은 대부분의 자산이 부동산에 집중돼 있지만, 주식시장이 성장하고 국민이 주식 투자로 일정한 수익을 얻는 구조가 자리 잡히면, 자산의 흐름도 분산되고 시장의 균형이 맞춰질 수 있습니다.

그런데 주식시장의 성장은 단지 투자 수익 차원을 넘어, 한국 경제 전체에 매우 중요한 의미가 있어요. 한국의 1인당 국내총생산GDP은 2024년 기준 약 3만 5000달러 수준이고, 평균 가구 인원수가 2.2명 정도니까 단순 계산하면 가구당 연소득이 약 1억 원이어야 합니다. 하지만 실제 평균은 약 7000만 원에 불과하죠. 그 차이인 3000만 원을 누가 가져갔을까요? 바로 '기업'입니다.

기업들이 벌어들인 이익을 근로소득, 즉 임금으로 충분히 분배하지 못하면서 가계의 실질 소득은 정체돼 왔습니다. 따라서 기업이 축적한 자산을 '배당'이라는 방식으로 국민에게 돌려주고, 그것이 소비로 이어지면 경제가 성장하는 선순환 구조에 들어서게 됩니다. 물론 일부 기업 중에 우리는 배당 안 하겠다고 하는 데도 있겠죠. 그럼 이익을 그냥 갖고 있지 말고 투자를 하면 됩니다. 그것 역시 한국의 잠재 성장률을 올리는 데 기여하게 되고, 경제의 활기가 되살아나게 돼요.

이런 접근은 전례가 없었던 것도 아닙니다. 1980년대 미국이 바로 이 구조를 만들었어요. 레이건 정부가 401K 퇴직연금을 기반으로 국민의 주식 투자를 유도했습니다. 그 결과 주식이 오르고, 또 기업은 이익이 증가하니까 국민의 배당 수익도 늘고, 소비가 증가하기 시작해요. 이게 미국 중산층 확대의 핵심 배경이기도 합니다.

결국 지금 우리가 주식시장을 이야기하는 건, 단순히 투자를 독려하자는 의미가 아닙니다. 한국 경제가 지금처럼 계속 저성장 국면에 머무르지 않기 위해, 반드시 돌파구를 찾아야 한다는 차원에서 중요한 해법이 될 수 있습니다. 핵심은 분명합니다. '배당을 통해 국민이 수익을 얻고, 그 돈으로 소비를 늘려야 한다'는 거죠.

주식 수익이 부동산으로 가지 않으려면

주식시장이 커지면 자산 수익이 늘어날 텐데, 그렇게 생긴 유동성이 다시 부동산으로 흘러 들어가지 않을까 우려도 드는데요.
이런 흐름을 제도적으로 막기는 어려운 상황에서, 어떤 방식으로 자산의 재유입을 관리할 수 있을까요?

주식 수익으로 생긴 유동성이 부동산으로 흘러 들어가지 않게 하려면, 결국 부동산의 투자 수익률을 낮추는 수밖에 없습니다. 수익률이 낮다고 판단되면 사람들에게 굳이 부동산을 보유할 이유가 없어지기 때문입니다. 다시 말해, 한쪽에서는 주식의 수익률을 높이고, 동시에 다른 쪽에서는 부동산의 수익률을 낮추는 이중의 전략이 필요합니다. 그 균형을 어떻게 맞추느냐가 핵심 과제가 되겠죠.

투자자 입장에서 봤을 때, 부동산 시장과 주식시장의 이상적인 구도란 어떤 모습일까요?
부동산은 안정적으로 유지되고 주식은 계속 오르는 것이 가장 바람직한 상태일까요?

꼭 그렇지는 않습니다. 지금 상황은 이해관계에 따라 다르게 받아들여질 수 있어요. 예를 들어 부동산을 많이 보유한 사람이라면, 당연히 주식시장이 활성화되고 부동산 수익률이 낮아지는 상황에 공감하지 않겠죠. 한국에는 그런 사람이 많은 편이고요. 그런데 이런 상태가 계속되면, 안타깝게도 한국 경제는 점점 더 추락할 수밖에 없습니다. 부동산은 기본적으로 '생산성'이 없는 자산입니다. 예를 들어, 부동산 가격이 오른다고 해서 고용이 늘어나거나 소비가 활성화될까요? 그렇지 않습니다. 오히려 집값이 오르면 소비는 줄어듭니다. 이건 전체 경제 관점에서 보면 굉장히 비효율적인 구조죠.

실거주자 중심의 정책으로
'리부트'해야 할 때

마지막 질문입니다. 대표님께서 보시기에, 지금의 부동산 시장은 앞으로 어떤 방향으로 '리부트'되어야 할까요? 단순한 회복이 아니라, 구조적이고 지속 가능한 재정비를 위해 가장 중요한 요소는 무엇이라고 보시는지요?

부동산 시장의 리부트는 무엇보다 '연착륙'이 핵심입니다. 급격한 하락은 경제에 부담이 되기 때문에, 가격을 어떻게 '안정적'으로 떨어뜨릴 수 있을지를 고민해야 합니다. 그에 걸맞은 효율적이고 효과적인 정책이 마련되어야 하죠.

6월에 이재명 정부의 첫 번째 정책이 나왔는데, 앞으로의 정책, 두 번째 정책은 이재명 정부가 부동산 문제를 어떤 목적으로, 누구를 위해 풀어가려는 것인지, 그 '근본적인 지향점'을 국민에게 보여주는 것이 되어야 합니다.

그리고 무엇보다 중요한 건 '실거주자 중심'으로 정책의 기조를 전환하는 일입니다. 현재는 1주택 보유 여부를 기준으로 정책을 설계하는데, 이 방식은 실거주 여부를 제대로 반영하지 못합니다. 예를 들어 부산에서 전세 살고, 서울 강남에 1주택을 보유하는 경우에도 양도소득세를 깎아주는 세금 혜택을 받고 있어요. 이런 구조는 정책의 정당성과 실효성을 해칩니다. 이 부분을 혁신적으로 바꾼다면, 안정된 부동산 시장이라는 것이 가능하지 않을까 합니다. ●

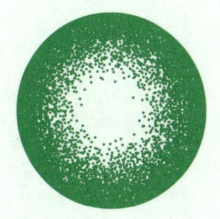

"앞으로의 정책, 두 번째 정책은
이재명 정부가 부동산 문제를 어떤 목적으로,
누구를 위해 풀어가려는 것인지,

그 '근본적인 지향점'을
국민에게 보여주는 것이 되어야 합니다."

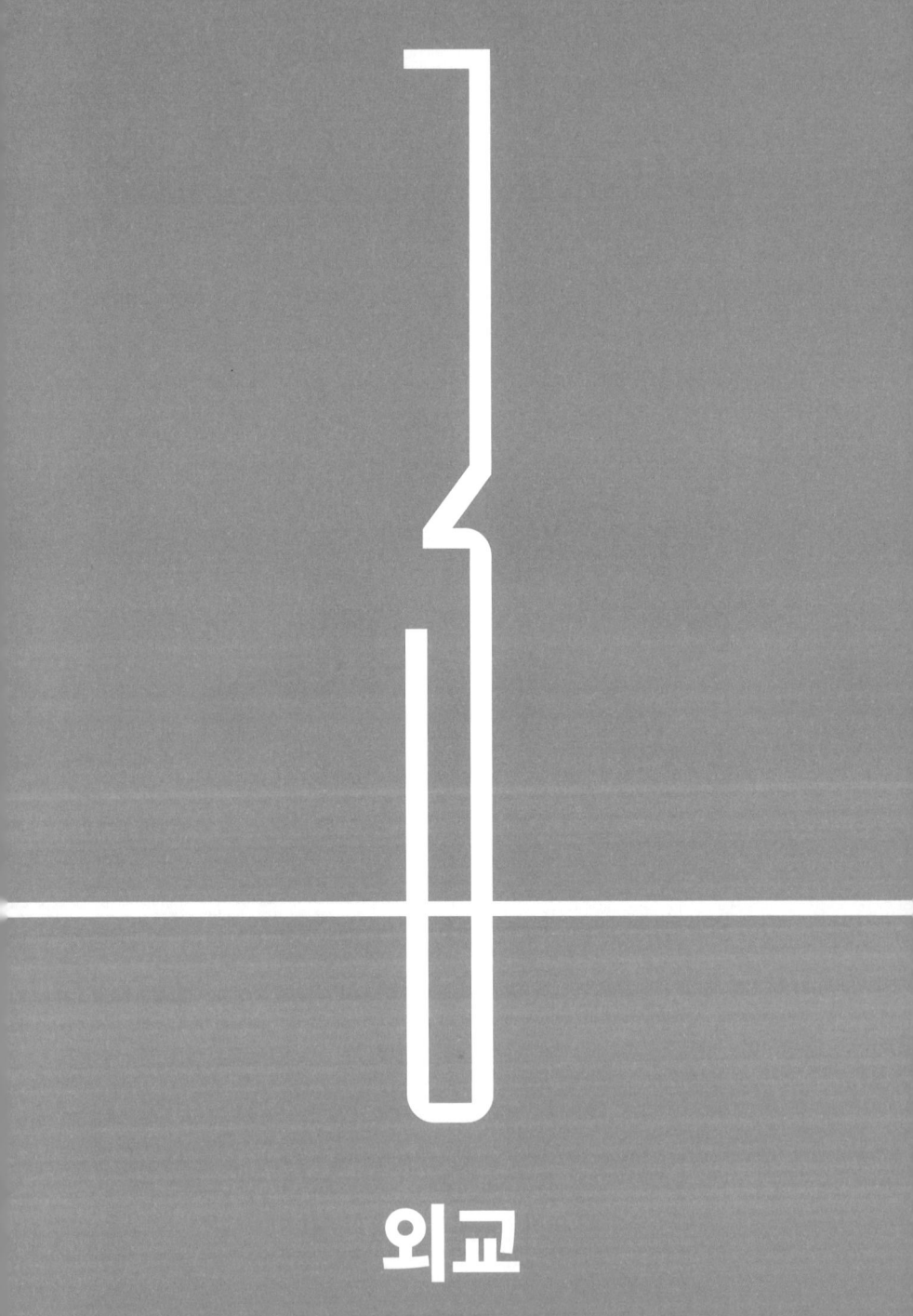

동맹에
목숨 걸던
시대는
끝났다

▶ ▶ ▶

최종건

연세대학교 정치외교학과 교수. 미국 로체스터대학교를 졸업한 후 연세대학교에서 정치학 석사학위를, 미국 오하이오주립대학교에서 정치학 박사학위를 받았다. 문재인 정부에서 청와대 국가안보실 평화군비통제비서관과 평화기획비서관을 거쳐 외교부 제1차관을 역임했다. 2018년 4월 판문점과 9월 평양에서 열린 남북 정상회담에 참여했으며, 공직을 마친 2022년 5월 연세대학교에 복직했다. 2024년에는 영국 바스대학교에서 글로벌석좌교수를 겸직했다. 대표 저서로는 《평화의 힘》《헌법의 힘, 외교의 길》, 그리고 문재인 전 대통령과 함께 집필한 《변방에서 중심으로》가 있다.

"지난 3년간 대한민국 대통령의
외교 현장을 보면서
국민들이 상처받았잖습니까.

그때의 불안과 실망을 떠올리면,
이제는 국민이 신뢰할 수 있는 외교,
헌법에 뿌리를 둔
품격 있는 외교를 실현해야 한다고 봅니다."

REBOOT

트럼프 2기 정부의 출범은 글로벌 대격변의 신호탄이었다. 자국 우선주의의 강화, 기술을 둘러싼 신냉전의 부활, 그리고 전통적인 동맹 체제가 무너진 지금, 최종건 교수는 "우아한 가식의 시대는 끝났다"고 선언한다. 국제 정세가 각자도생과 실리 중심으로 재편되고 있는 오늘날, 비상계엄과 탄핵으로 한발 늦은 대한민국 외교는 어떻게 재설계해야 하는가? 미국과 중국 사이의 전략적 균형, 주한미군 문제, 관세 협상 등 국운을 뒤흔들 외교 문제 앞에서 우리는 어떤 태도를 취해야 하는가?

일러두기 2025년 7월 4일에 진행한 인터뷰입니다.

리부트 대한민국

민주주의 회복·외교 정상화를 보여준 G7 참석

이재명 대통령이 지난 6월, 취임 14일 만에 국제 외교 무대에서 데뷔전을 치렀습니다. 그런데 G7 정상회의에는 참석했고, 반면에 나토 정상회의는 불참했거든요.
두 회의 중 하나는 참석하고 다른 하나는 가지 않은 결정, 어떤 외교적 전략이나 우선순위를 반영한 선택이라고 보십니까?

전략적인 판단이라기보다는, G7과 나토NATO는 애초에 회의의 성격 자체가 다르다는 점을 짚어야 해요. G7 정상회의는 말 그대로 세계에서 가장 강력하고 영향력 있는 국가들이 모이는 자리 아니겠습니까? 우리가 그 회의에 초청국으로 참가하게 된 것 자체가 매우 영광스러운 일인 거죠. 이번에는 특히 새 정부 출범 직후이기도 해서 더더욱 중요한 기회였고요.

그러니까 G7 정상회의는 취임 14일 만에 대한민국 대통령으로서 세계 무대에 나가 '대한민국의 민주주의가 회복되었고, 한국 외교도 다시 정상화됐다'라는 메시지를 전할 수 있는 가장 효율적인 플랫폼이었습니다. 정상 외교가 본격적으로 다시 작동한다는 것을 세계에 알리는 자리였으니 이 기회를 놓칠 수는 없는 거죠.

반면 나토 정상회의는 북대서양조약기구라는, 기본적으로 군사동맹을 중심으로 한 다자동맹체입니다. 우리는 그 안에서도 정식 회원국이 아닌 옵서버observer, 즉 '참관인' 자격으로 초청받는 상황이고, 따라서 참여 여부 자체가 선택 가능한 영역입니다. 더군다나 이번 나토 정상회의의 핵심 의제는 대對러시아 전략, 다시 말해서 나토 방위비를 자국 GDP 대비 5% 증액하느냐 안 하느냐를 논의하는 자리였어요. 그 회의에 한국이 참가해서 특별히 발언할 내용이 있는 건 아니었죠.

무엇보다 당시 국내 상황도 무시할 수 없었을 겁니다. 취임 14일이라는 짧은 시간 안에 G7 정상회의까지 다녀온 상황에서 또다시 외유 일정을 소화하는 것은 현실적으로 쉽지 않았고, 내각과 대통령실의 인선도 아직 다 꾸려지지 않았기 때문에 무엇을 우선시할지 판단이 있었던 것으로 보입니다.

취임한 지 얼마 되지 않았지만, 이재명 정부의 외교 행보에 대해서는 어떻게 평가하십니까?

이재명 정부는 '실용·국익 중심 외교'를 내세우고 있는데, 외교는 결국 국내 정치의 연장선이거든요. 따라서 현 정부는 무엇보다 국내 정치의 안정화를 우선순위에 두고 있고, 외교 역시 국내 진용을 제대로 갖춘 뒤 점진적으로 전개해나가려는 기조로 보여요.

그래서 당장 급하게 외교 문제에 대응한다기보다는 주요 국가들과의 통화나 G7 정상회의 현장에서의 대면 외교 등을 통해 '대한민국이 국제사회에 복귀했다'는 메시지를 전달하는 것을 중심으로 하는 듯합니다.

'우아한 가식의 시대'는 끝났다

그럼 앞으로 우리 정부가 해결해야 할 외교 문제를 차근차근 짚어보죠. 일단 외교의 청사진을 제대로 그리기 위해서는 무엇보다도 현재 국제 정세를 정확히 파악하는 것이 중요할 텐데요.
국제정치학자로서 지금의 국제 정세를 하나의 키워드로 압축한다면 어떻게 정리할 수 있을까요?

'우아한 가식의 시대'는 끝났습니다. 그동안 외교 무대에서는 서로 아름답게 차려진 밥상 앞에서 웃음을 지으면서 '우리 잘 지내보자'라고 해놓고는, 뒤에선 치열한 싸움을 했거든요. 그런데 지금의 국제 정세는 그러한 외교적 포장을 걷어내고, 이제 각국이 노골적으로 자국의 이익을 앞세우는 비정한 '자기 이익 중심 시대'로 접어들었다고 봅니다.

특히 현 상황이 더 복잡한 건 미국이 주도해서 국제정치에 큰 변화를 일으키고 있어서인데요. 우리가 당연하게 여기는 것들, 혹은 당연하게 여겨왔던 것들, 가령 자유무역이나 다자협력, 국제기구의 중요성, 민주주의의 가치 같은 것들이 모두 흔들리고 있습니다.

다자협력을 예로 들어보면, 미국이 자국 중심으로 외교정책을 재편하면서 기후변화와 관련된 국제 협약들이 무너졌잖습니까. 또 국제 질서의 가장 중요한 축 중 하나였던 세계무역기구WTO나 한·미 간에 있었던 자유무역협정FTA 같은 것들이 사실상 종식의 시대를 맞이했어요. 심지어 WTO 내부 관계자조차 요즘은 한가하다고 자조적으로 말할 정도예요.

각자도생의 시대로 진입한 지금으로서는 일단 우리가 당연시 여겼던 국제 실서 체계가 흔들리고 있다는 것을 인식해야 합니다. 또 그렇기 때문에 기존과 같이 미국을 맹목적으로 신뢰한다거나 반감을 갖는 것 모두 배격해야 하고요. 한 나라의 외교 정책이라는 것은 통상通商까지 포함하는 거잖아요. 대한민국의 외교는 국민의 실질적인 이익, 특히 중산층의 확장과 안정이라는 현실적 목표에 기반해야 합니다.

따라서 지금 필요한 것은 외교 다변화, 그걸 통한 국익의 확장이에요. 미국은 물론이고, 중국·중남미·중앙아시아 국가들과도 전략적으로 협력해야 하는 거죠. 즉 이념보다 중요한 건 '현실'이고, 감정보다 앞서야 하는 건 '생존'입니다.

정신을 바짝 차리고, 과연 미래 먹거리는 어디에 있는지, 한반도의 평화는 어떻게 하면 구현될 수 있을지 미래 전략을 설계해야 할 때입니다.

자비로운 패권국에서
자국 우선주의로 돌아선 미국

교수님 말씀처럼 이제 '우아한 가식의 시대'가 끝나고, 약육강식의 각자도생 시대가 본격화했다면, 과거처럼 '그래도 미국이 동맹국이니 한국을 배려해주겠지'라는 기대는 더 이상 유효하지 않다고 봐야 하는 건가요?

이제는 모든 것을 명확하게 계산해야죠. 과거의 미국은 비교적 자비로운 패권국이었습니다. 자국 시장을 개방했고, 우리나라와 같은 동맹의 안보를 일정 부분 떠맡았고, 한국에 경제적 지원을 해주는 등 경제성장의 토대를 마련해주는 데 기여한 바도 분명합니다. 당시 미국은 매우 자유롭고 나름대로 공적인 성격의 패권을 지향했던 셈입니다.

하지만 이제는 상황이 다릅니다. 미국은 점점 더 자국의 이익을 중심으로 움직이고 있고, 이 흐름은 특정 정치인 개인의 문제가 아닙니다. 트럼프 대통령의 등장은 단지 이러한 미국 사회의 변화된 기조를 반영한 현상일 뿐이에요. 이미 그 전에 바이든 대통령, 트럼프 1기 정부와 오바마 대통령 역시 같은 맥락에서 '미국 우선주의' 노선을 강화해왔습니다. 이런 식으로 하면 미국이 너무 손해를 본다는 것을 알게 된 거죠. 미국 국민도 우리가 왜 자꾸 '퍼 줘야 하느냐' 하는 심리를 갖게 되었고요.

다시 말해, 민주당이든 공화당이든, 미국 정치의 주류는 더 이상 과거처럼 '자비로운 미국'으로 돌아갈 수 없다는 데 암묵적인 합의를 하고 있는 셈입니다.

> 지금 말씀하신 것처럼 변화된 국제 질서의 흐름을 가장 극명하게 반영하는 인물이 바로 트럼프 대통령이잖아요.
> 앞으로의 상황에 대비하려면 결국 이 트럼프가 어떤 사람인지 명확히 이해하는 게 먼저일 텐데요. 교수님께서

는 실제로 그를 여러 차례 직접 만나보셨다고 들었습니다. 트럼프라는 사람, 외교 스타일이 어떤가요?

트럼프 대통령을 제가 개인적으로 독대한 것은 아니고, 문재인 전 대통령과의 정상회담이나 전화 통화 등에 배석하면서 가까이에서 지켜볼 기회가 있었습니다.

일단은 비공개 회담에서의 모습과 공개 석상에서의 태도가 확연히 달라요. 카메라와 언론이 있을 때는 이 외교적 상황, 정상회담 자체를 하나의 메시지 전달 수단으로 적극 활용하는, 말하자면 미디어 전략에 굉장히 능한 인물입니다. 하지만 문이 닫힌 비공식적인 자리에서는 의외로 자신의 '에고ego'를 살려주는 방식에 따라 생각보다 쉽게 설득되기도 했습니다. 다만 이건 트럼프 1기 정부 당시의 경험이고, 지금은 다소 양상이 다를 수 있습니다.

그사이 4년의 공백 동안 그는 훨씬 더 치밀해지고, 전략적으로도 날카로워졌습니다. 특히 이번에 재선이 없는 단임임을 감안하면, 속도감 있게 자신의 성과를 만들려고 할 가능성이 큽니다. 이런 점에서 우리 입장에서는 트럼프 1기 정부 때보다도 더 거칠고 예측하기 어려운 방식의 외교를 감당해야 하는 상황입니다.

우리가 미국이 필요한 만큼,
미국도 한국이 필요하다

트럼프 대통령이 1기 정부 때보다 훨씬 더 거칠어지고 전략적으로 날카로워졌다면, 이재명 대통령 입장에서는 과거 문재인 전 대통령 때보다 상대하기가 더 어려워진 거잖아요.
그렇다면 우리는 어떻게 대응해야 할까요? 단순히 그의 '에고'를 맞춰주고 띄워주는 전략만으로는 안 된단 말씀 이신데요.

절대로 안 되는 상황이죠. 이미 말씀드린 것처럼, 더 이상 자비로운 미국이란 없단 것을 전제해야 해요. 그렇다면 이제 우리도 '미국'을 의인화하는 것을 멈춰야 됩니다. 혈맹이니까 당연히 '우리를 도와주겠지'라는 태도로 일방적 도움을 기대하기보다는 서로 도움을 주고 또 도움을 받는, 미국의 관점에서나 우리의 관점에서도 매우 공정한 동맹으로 전환해야 하죠.

예를 들어 주한미군의 존재는 우리에게도 필요하지만, 미국에게도 필요한 전략 자산입니다. 동북아시아에서 중국을 견제하고, 글로벌 군사 운용의 효율을 고려할 때 주한미군은 미국에도 상당한 전략적 가치가 있어요. 단순하게만 봐도 2만 8500명의 주한미군 병사를 한꺼번에 철수시키면, 이들을 미국 내 어디로 배치합니까.

경제적으로도 마찬가지입니다. 첫 번째로 한·미 간의 경제 교류는 일본보다 때로는 일본만큼 중요합니다. 배터리·전기차·철강·알루미늄·화학 산업 등에서 한국 기업들은 미국의 경제성장을 견인하고, 고용 창출에 실질적인 기여를 하고 있어요. 즉 미국도 한국이 필요하고, 한국 없이는 사실 어려운 상황이 생길 수 있다는 얘기입니다. 특히 중국과 북한이 있는 상황에서 동북아시아 지역에서는 서로가 도움을 주고받는 것으로 포지셔닝을 해야 합니다.

두 번째로 2025년 이후의 한·미 경제관계를 어떻게 재설계할 것인지, 근본적인 리셋이 필요해요. 우리 언론에서는 대개 관세율이 몇 퍼센트 오르고 내리느냐에만 집중하는데, 지금은 그 차원을 넘어선 상황입니다. 이미 한·미 FTA는 사실상 사라졌어요. 앞으로는 어떤 형식으로든 관세와 통상에 대한 새로운 협상 질서가 만들어질 겁니다.

마지막으로 지금 대학에서 학생들을 가르치고 있는 입장에서, 우리 젊은이들의 일자리 문제도 중요합니다. 겉으로 보기에는 미국에 투자하는 것이 국익처럼 보이지만, 그만큼 한국 내 투자는 줄어드는 겁니다. 그렇게 되면 우리 청년들이 취직할 곳도 감소할 수밖에 없어요.

그래서 산업 공동화에 대해서 우리도 대책을 마련해야 합니다. 이 문제를 단지 미국의 요구에 끌려가듯 대응할 것이 아니라, 좀 당당히 '우리가 미국이 필요한 만큼, 미국도 한국이 필요하다'는 자세로 협상하고 전략을 세워야 할 때예요.

> 그렇다면 이제는 철저하게 실리와 이해득실을 따지는 외교를 해야 할 시점인데요. 예를 들어 주한미군의 경우, 과거에는 철수하면 한국의 안보가 무너진다면서 우리만 일방적으로 손해를 본다고 여겼습니다.
> 그러나 이제는 미국도 손해라는 점을 어필하고, 이를 외교적으로 활용할 필요가 있다는 말씀이신가요?

왜냐하면 현재의 미국이 '어떤 미국이냐'는 점이 중요한데요. 트럼프가 주도하는 백악관의 정무직 미국과 국방부, 즉 펜타곤의 유니폼을 입은 사람들은 분명히 다릅니다. 소위 유니폼의 미국, 즉 군 당국은 주한미군을 절대 철수시킬 수 없다는 입장이라고 봐요.

또 한편으로는 감군, 즉 주한미군 일부 병력의 감축 이야기도 들리는데요. 저는 이 부분에 대해서는 우리도 일정 부분 감수할 수 있다고 봅니다. 이제는 우리도 넓어진 어깨만큼 책임을 나누어 질 수 있어야 하고, '대한민국 안보는 대한민국이 우선 책임진다'는 원칙 역시 결코 틀린 말은 아니잖아요.

관세·방위비 협상에서는
어떤 전략이 필요하나

트럼프 대통령의 재집권이 확정된 순간부터 정부가 가장 우려했던 사안 중 하나가 바로 관세 문제입니다. FTA는 사실상 종료되었다고 말씀하셨는데, 트럼프 대통령이 내밀게 될 청구서에는 관세뿐 아니라 방위비 분담금 문제도 있잖아요.
그렇다면 우리 정부는 이 문제들을 어디에 초점을 맞춰서 풀어나가야 할까요?

사실 관세 문제는 매우 중요합니다. 이때 우리가 무엇을 주고 무엇을 받을 수 있느냐가 핵심이에요. 우선 우리가 이런 관세를 불합리하게 보고 있다는 것을 분명히 전달해야 합니다.

한·미 FTA는 노무현 정부 시절에 체결되었고, 이명박 정부 때 비준이 되었고, 문재인 정부 시절에 트럼프 요구에 따라 개정까지 된 협정입니다. 이런 FTA의 틀 안에서 상호관세는 사실상 '제로'였는데, 트럼프 2기 정부가 들어서면서 기존 FTA가 '불공정하다'는 이유로 25% 관세를 부과하겠다고 통보한 거잖아요. 현실적으로 다시 예전으로 돌아갈 수는 없다고 하더라도 25% 관세는 불합리하다는 것, 오히려 한·미 간에 공동 성장할 수 있는 경제적 토대를 없앨 수 있다는 것을 염두에 둬야 해요.

두 번째로는 미국이 진정으로 원하는 것이 무엇인지를 정확히 파악하는 거겠죠. 예를 들어 미국은 조선 산업 협력, 알래스카의 LNG 자원 개발 협력 등에 관심이 많은데요. 우리는 그 필요성과 실익을 냉정히 따져봐야 합니다. 우리가 필요하지도 않은 것을 먼저 내줄 필요는 없습니다. 협상 테이블에서는 소위 '광을 잘 파는' 전략이 중요합니다.

가령 미국이 조선 기술을 필요로 한다고 해서 우리 경남 지역의 조선사들을 다 제공할 수는 없는 거잖습니까. 그럼 그들이 우리에게 와서 수리를 받을 때 편의를 제공해주는 방법도 있고, 미국의 도태된 조선 기술 인력에 대해서 우리가 지원해줄 수 있는 부분도 있어요. 품목과 산업 영역에 맞춰서 받을 건 받고 기여할 건 기여해야 해요.

또 방위비 분담금 문제도 윤석열 정부 말기에 5년간의 분담금 계약이 이미 체결된 상태예요. 이것을 전제로 필요한 게 뭔지를 밝혀야죠. 즉 주한미군은 용병이 아니고, 저희가 월급을 줄 수는 없는 거예요. 그러니까 방위비 분담금이라는 게 미군이 대한민국 영토에 주둔할 때 편의를 제공하는 비용인데, 무엇이 문제인지 물어야죠.

그리고 우리가 이미 현금과 현물을 합쳐 50% 이상을 부담하고 있다는 사실도 명확히 밝힐 필요가 있습니다. 방위비도 대한민국 국민의 세금인데 허투루 써선 안 되잖아요. 미국이 막연한 양보를 요구한다고 해서 그에 반드시 따를 필요는 없어요.

중국과 전략적 소통이 돼야 한·미 외교에 유리하다

트럼프 대통령의 복귀로 인해 미·중 간의 전략적 경쟁이 더욱 격화되는 양상입니다. 이처럼 양자택일의 압력이 거세지는 상황에서, 한국은 더 이상 '안미경중', 즉 '안보는 미국, 경제는 중국'과 같은 모호한 입장을 유지하기 어려운 것처럼 보이는데요.
새 정부는 미국과 중국 사이에서 어떤 외교적 전략을 취해야 한다고 보십니까?

그런데 이상하지 않습니까? 미국은 우리에게 관세를 부과하고 방위비 분담금을 올리라고 요구하면서, 동시에 중국과는 잘 지내지 말라고 하고 있어요. 그런 요구는 오히려 반대로 '우리가 당신과 잘 지내기 위해 이런 유리한 조건을 제시하겠다'는 식의 접근이 있어야 타당한 것 아닐까요?

게다가 국내에도 '미국은 무조건 옳고, 중국은 무조건 안 된다'는 반중 정서가 팽배한데, 이것이 오히려 우리 외교의 자율성을 제약하는 듯합니다. 대한민국은 지정학적으로 중국과 인접한 국가고, 중국은 세계 2위의 경제 대국이잖습니까. 그런 실체를 무시하고 지속 가능한 외교를 하기는 어렵죠.

한·미 동맹이 우리 외교의 중심축이라는 점은 부인할 수 없지만, 동시에 중국이라는 압도적인 현실에 대응할 수 있는

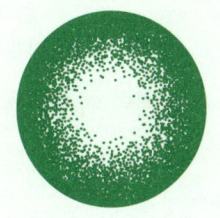

"대한민국은 지정학적으로
중국과 인접한 국가고,
중국은 세계 2위의 경제 대국이잖습니까.

그런 실체를 무시하고
지속 가능한 외교를 하기는
어렵죠."

한·중 관계의 내구성을 확보하는 것 또한 중요합니다. 즉 한·미 관계와 미·중 관계의 변화에 영향을 덜 받을 수 있도록 전략적 유연성을 확보한 대對중국 외교의 틀이 필요합니다. 이제 우리 스스로도 미국이 좋냐, 중국이 좋냐는 식의 선택은 현실적으로 하기 어렵다고 봐야 합니다.

제 경험에 의하면, 워싱턴에서 의미 있는 서울은 베이징과도 전략적 소통을 할 수 있는 서울입니다. 중국과 대화 창구가 막힌 한국은 미국에도 매력적인 파트너가 아닙니다. 미국 외교 관계자들에게 질문해봐야 해요. 중국과 대화하지 않고 갈등하는 한국이 미국에 이익인가? 아니면 중국과 전략적 소통을 하면서 미국과 정보도 공유할 수 있는 한국 외교가 미국에 유리한가?

끝으로, 북핵 문제를 포함한 한반도 안보 상황을 중국의 공감과 협력 없이 해결하기는 어렵습니다. 우리도 중국이라는 현실을 재평가하고, 전략적 활용 가능성을 넓혀야 합니다.

얼마 전 시진핑 주석이 이재명 대통령을 10년 만에 중국 전승절 행사에 공식 초청했다는 보도가 있었습니다. 현실적으로 보면, 우리는 미국과도 잘 지내야 하고 동시에 중국과의 관계도 소홀히 할 수 없는 상황인데요.
지금 우리 정부의 대중 전략은 어떤 방향으로 가야 한다고 보십니까? 전승절 행사 가야 하나요?

전승절 행사 참여는 정말 큰 결정입니다. 단순히 '가야 하느냐, 말아야 하느냐'를 논하기 전에, 선행되어야 할 전제가 있습니다. 먼저 한·미 정상회담이 '제대로' 이루어져야 합니다. 여기서 '제대로'라고 표현한 것은 다자회담 중에 잠시 마주치는 형식이 아니라, 대한민국 대통령이 백악관에 공식 초청을 받아서 정식 의전과 만찬을 포함한 정상회담을 말하는 거예요. 한·미 정상의 공동선언을 통해서 한·미 관계를 면밀히 조율하는, 그런 격식 있는 만남이 선행되어야 한다는 겁니다.

그런 자리를 통해 한·미 간 입장을 확고히 한 다음, 국민적 지지를 바탕으로 전승절 행사 참석 여부를 판단해야 한다고 봅니다. 그게 선행되지 않은 상황에서 무리하게 전승절 행사에 참석하는 것은 앞으로 5년 동안 이재명 정부에 외교적 부담으로 작용할 수 있습니다.

물론 저 역시 중국의 중요성은 충분히 인식하고 있습니다만, 외교에는 순서가 있어요. 미국과의 관계를 먼저 정리한 후에 중국과의 관계를 풀어가야 하고, 실제로 중국도 이런 점을 잘 알고 있어 한·미 관계가 안정된 상태에서 다가오는 한국을 더 신뢰하는 경향이 있습니다.

즉 워싱턴에 가서 일단 정상회담을 통해 우리의 이익을 확보하고, 그것을 발판 삼아서 전승절 행사 참석과 같은 중대한 외교적 선택을 고려해야 한다는 점을 명심할 필요가 있습니다.

북·미 관계, 북·러 관계 사이에서 한국은?

이번에는 북한 문제에 대해 얘기해보죠. 과거 북·미 정상회담 당시 교수님께서도 일정 부분 관여하셨던 것으로 알고 있습니다. 당시에는 트럼프 대통령과 김정은 위원장 간에 상당한 친밀감이 형성되었던 것으로 보였는데요.
그때의 관계가 지금까지 유효하다고 보십니까? 아니면 현재는 상황이 달라졌다고 판단하시는지요?

트럼프 대통령은 2기 취임 직후부터 김정은 위원장과의 개인적인 친분을 강조하면서 앞으로도 대화의 여지는 있다고 지속적으로 시사해왔습니다. 그런데 이에 대한 평양 측의 반응이 한 번 나온 적 있었어요. 김정은 위원장과 트럼프 대통령이 잘 지냈지만, 그건 사적인 관계일 뿐이라는 거였죠. 즉 개인적 관계는 개인적 관계일 뿐, 공적인 협상을 위해서는 미국이 실질적인 제안을 가져와야 한다는 입장을 내비친 겁니다. 그런데 지금 트럼프 대통령은 지속적으로 개인적인 관계만 요구하고 있는 것이고요.

두 번째로 고려해야 할 것은, 현재의 북·미 관계는 트럼프 1기 정부 시절과는 여러 면에서 근본적으로 달라졌다는 거예요. 특히 가장 큰 변화는 푸틴 대통령의 존재, 다시 말해 북·러 관계의 밀착입니다. 과거에는 러시아가 사실상 한반도 비핵화와 평화 프로세스에 우호적이었고, 대한민국에 더 가까운 입장을 취했지만, 지금은 전술적 협력의 일환으로 북한과 더욱 긴밀하게 손을 잡은 상황입니다.

마지막으로 남북 관계가 사실상 단절 상태에 있다는 점도 변수입니다. 과거에는 남북 간의 대화와 협력이 북·미 간의 중재 역할을 할 수 있었지만, 지금은 그 연결 고리가 끊긴 상황입니다. 다시 말해, 앞으로 남북 관계가 어떻게 진전되느냐에 따라 북·미 관계에도 어떤 변화가 있을 거예요.

그럼에도 불구하고, 미국 대통령이 김정은 위원장에게 직접적인 대화 의사를 표명하는 것은 과거에는 보기 어려웠던 긍정적인 접근 방식이고, 향후 국면 전환의 단초가 될 수도 있을 거라고 봅니다.

러시아 이야기가 나온 김에 북·러 관계 이야기도 해보죠. 과거 북한은 미국과의 협상을 통해 경제 제재 해제를 끌어내는 것을 주요 외교 목표로 삼아왔잖아요. 그런데 최근 들어 북·러 간의 밀착이 더 뚜렷해지고 있어요. 지금처럼 러시아와의 협력이 강화될 경우, 북한이 굳이 미국과의 관계 정상화를 추구하지 않고, 오히려 러시아와의 전략적 연대를 선택할 가능성도 있습니까?

그렇지는 않습니다. 북한 역시 내부적으로 다양한 가능성을 재고하고 있을 겁니다.

김정은 위원장의 입장에서 보면, 러시아-우크라이나 전쟁이 길어질수록 자신의 전략적 가치는 푸틴 대통령에게 더욱 높아질 수밖에 없습니다. 실제로 파병까지 감행한 상황 아닙니까.

이처럼 국제정치는 모두 긴밀하게 상호 연결되어 있어서, 러시아-우크라이나 전쟁의 향방이 북한의 외교 전략, 나아가 북·미 정상회담의 향배에까지 영향을 줄 수 있습니다. 다만 중요한 점은 시간이 많지 않다는 건데, 김정은 위원장 역시 트럼프 대통령의 임기가 3년여밖에 남지 않았다는 사실을 알고 있을 것이고, 미국에서 정권이 교체되면 지금까지의 협상 구도 자체가 흔들릴 수도 있다는 현실을 충분히 인식하고 있을 겁니다.

'한국 패싱론'은
서랍 속에 넣을 때

그러면 현재와 같은 복잡한 국제 정세 속에서, 우리 정부는 대북 정책을 어떻게 설정해야 할까요?
정권이 바뀔 때마다 대북 정책이 극단적으로 냉온탕을 오가는 양상을 보여왔는데, 김정은 위원장과의 관계 설정이나 정책적 공략 범위에 있어 어떤 방향이 바람직할지 궁금합니다.

대북 정책의 핵심은 한반도에서 무력 충돌 가능성을 최대한 낮추는 데 있습니다. 그러니까 의도적이든 우발적이든, 접경 지역에서의 군사적 충돌은 언제든 발생할 수 있는 만큼, 우선은 9·19 남북군사합의와 같은 충돌 방지 장치를 복원해야겠죠. 이재명 정부가 대북 전단 살포와 확성기 방송을 중단시킨 것은 그런 점에서 매우 긍정적인 사인이에요. 북한도 이를 곧바로 수용했잖습니까. 남북 간에 휴전선에서 군사적 충돌이 나지 않을 정도로 일단 관리를 해야 합니다.

두 번째로는 이른바 '한국 패싱론'을 서랍 속에 넣을 때입니다. 북·미든 북·일이든, 북한과의 대화가 재개되는 것을 한국이 먼저 지지하고 적극적으로 지원하겠다는 태도를 보일 필요가 있습니다.

사실 윤석열 정부 3년 동안 우리는 북한과의 관계에서 거의 모든 '레버리지'(외교에서 영향력을 발휘할 수 있는 수단)를 상실했습니다. 그렇기에 이제는 다른 국가들이 북한과 대화할 수 있도록 돕는 조력자로서의 역할을 우선적으로 할 필요가 있습니다.

헌법에 뿌리를 둔
품격 있는 외교

대북 정책에 있어서는 이전 정부의 기조와 반대 방향으로 접근해야 한다는 취지의 말씀이시군요.
이재명 정부가 앞으로 외교 정책에서 또 중요하게 챙겨야 할 과제는 무엇이라고 보십니까?

일본과의 외교 현안은 성급하게 접근하기보다, 정권 초기에 내부 진영을 먼저 정비하는 것이 중요합니다.

현재는 취임 초기인 만큼, 강제징용 피해자 문제나 역사 문제와 같이 무거운 한·일 현안을 곧바로 다루기보다는, 우선 정부 내부의 외교·안보 진영부터 제대로 갖추는 것이 선행되어야 할 것 같아요. 이재명 정부는 인수위원회 없이 출발했기 때문에 속도보다는 차근히 준비할 필요가 있습니다.

마지막 질문입니다. 대한민국의 외교를 정상 궤도로 되돌리기 위해 지금 어떤 '리부트'가 필요할까요?
특히 교수님의 저서 《헌법의 힘, 외교의 길》에서 헌법을 강조하신 것으로 아는데, 외교의 리부트와 헌법적 가치 사이에는 어떤 연결 지점이 있을지 궁금합니다.

대한민국은 민주공화국이기 때문에 모든 국가 행위는 헌법의 테두리 안에서 이루어져야 해요. 법치가 국내 정치에만 해당된다고 생각하기 쉽지만, 외교 역시 헌법적 가치에서 예외가 될 수 없습니다. 헌법에는 '행복추구권'뿐 아니라 '평화', '통일', '국익의 추구'가 명시되어 있어요. 외교는 이 정신에 부합해야 합니다.

'국익'이란 무엇보다도 국민의 다수가 공감하고 실질적인 이익을 체감할 수 있는 방향이어야 합니다. 그런 점에서 대한민국 정부가 헌법의 정신을 존중하면서 외교를 해야 한다고 생각해요.

지난 3년간 대한민국 대통령의 외교 현장을 보면서 국민들이 상처받았잖습니까. 그때의 불안과 실망을 떠올리면, 이제는 국민이 신뢰할 수 있는 외교, 헌법에 뿌리를 둔 품격 있는 외교를 실현해야 한다고 봅니다. ●

글로벌 AI 전쟁 시대, 한국이 가진 경쟁력은 무엇인가

▶ ▶ ▶

최재붕

성균관대학교 서비스융합디자인학과 및 기계공학과 교수. '문명을 읽는 공학자'로서 비즈니스 모델 디자인과 기계공학의 융합, 인문학 바탕의 동물행동학과 기계공학의 융합 등 학문 간 경계를 뛰어넘는 활약을 이어가고 있는 명실공히 국내 최고의 4차 산업혁명 권위자. 성균관대학교 기계공학과와 대학원을 졸업하고, 캐나다 워털루대학교에서 기계공학 석사학위와 박사학위를 마쳤다. 현재 '혁명의 시대'를 살아가는 우리 모두가 위기보다는 기회를 볼 수 있도록, 혼란스러움보다는 현명함을 지니고 살아나갈 수 있도록 돕고 있다. 주요 저서로 《포노 사피엔스》《AI 사피엔스》 등이 있다.

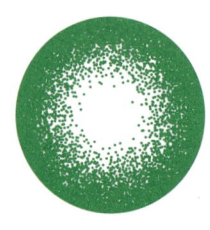

"지금이야말로 지난 30년의
기술 진보 역사를 돌아볼 때라고 생각해요.

인터넷과 스마트폰이 처음 등장했을 때도
부작용에 대한 우려가 컸지만,
결국 인류는 그 기술을 선택했고
삶의 양식이
근본적으로 변화했잖아요."

REBOOT

전 세계가 AI 기술을 중심으로 산업과 사회 전반의 구조를 재편하고 있는 지금, 한국은 이 흐름에 제대로 올라타고 있는가? 미국과 중국은 막대한 자본과 인재를 AI에 집중하며 산업 전환의 중심에 섰지만, 한국은 지난 정부에서 국가 연구개발 예산을 대폭 삭감하면서 기술 대전환의 골든타임을 놓친 것은 아닌지 우려의 목소리가 높다.

과연 뒤처진 과학기술, 부정적인 대중의 인식 등을 넘어 한국은 세계적인 경쟁력을 갖출 수 있을까? 우리에게는 어떤 선택지가 남아 있는가?

리부트 대한민국

AI 세상으로
인류가 이동하고 있다

어느 순간부터 우리 언론에 가장 많이 등장하는 영어 단어가 AI 이 두 글자입니다. 누군가는 AI 때문에 인간이 곧 위기에 빠질 것이라면서 막연히 두려워하고 있어요. 그런데 AI가 정확히 무엇인가요? 개념부터 짚고 시작해 보죠.

일단 이렇게 생각하면 편할 것 같아요. 현재의 인공지능artificial intelligence, AI이라는 건 내 옆에서 일을 도와주는 '만능비서' 같은 존재라고요. 예전에는 우리가 스마트폰으로 검색하고 일일이 정보를 찾았잖아요? 그런데 이제는 AI가 나서서 '당신이 궁금해하는 걸 내가 잘 정리해서 보고해드릴게요.' 하는 거예요. 이게 바로 LLMLarge Language Model, '대규모 언어 모델'이 하는 역할입니다.

LLM이란 인터넷, 책 등의 대규모 데이터를 학습해서 인간처럼 자연스러운 언어를 생성하고 이해하는 AI 모델이에요. 주로 딥러닝을 기반으로 하는데, 이 딥러닝이란 게 사람의 뇌처럼 작동하는 인공신경망을 이용해 데이터를 학습하는 기술이거든요. 이걸 이용해 입력한 문장의 문맥을 이해하고, 다음에 올 단어나 문장을 예측하는 방식으로 작동하는 겁니다.

사실 AI 분야에서 가장 어려운 도전 중 하나가 인간처럼 말을 하고, 인간처럼 전 세계 지식을 학습한 다음, 거기서 엑기스를 뽑아 질문에 맞는 답을 해주는 것이었습니다. 그걸 처음으로 가능하게 한 게 바로 2022년에 등장한 챗지피티ChatGPT고요. 몇 년 사이에 기술은 급속도로 발전하고 있습니다. 챗지피티 같은 생성형 AIGenerative AI의 특징은 인간의 뇌를 흉내 냈기 때문에, 학습량을 늘리고 모델의 용량을 키우면 키울수록 점점 더 똑똑해진다는 거예요. 여기서 생성형 AI란 텍스트를 생성하는 LLM을 포함해 무언가를 '창작'하는 AI를 말합니다. 글도 쓰고, 그림도 그리고, 코딩도 하고, 심지어 음악도 만들죠.

그래시 지금 우리가 보고 있는 생성형 AI는 과거에 알던 AI와는 완전히 격이 다른, 새로운 수준의 지능이라고 보셔야 합니다. 이제 디지털 문명에서 AI 세상으로 인류가 이동할 수밖에 없는 상황이 되었어요. 이미 세계적으로 각종 자본과 인재들이 AI 분야로 쏠리고 있습니다.

AI 10대 기업 시총 3경 원, 혁명은 진행 중

AI의 등장을 두고 '시대를 바꿀 중대한 전환점'이라는 평가도 있습니다. 실제로 1990년대 인터넷의 등장과 같은 이전 기술 혁신보다도 더 근본적으로 세상을 바꿀 만한 사건이라고 봐야 할까요?

제가 2024년부터 전 세계 20대 기업 중 AI 관련 10대 기업의 시가총액을 계속해서 관찰하고 있습니다. 2024년 6월 말에는 AI 관련 10대 기업의 시가총액이 약 2경 3000조 원이었고, 2025년 초에는 3경 원을 넘었어요. 현재는 다소 하락했음에도 불구하고 여전히 2경 5000~6000조 원대를 유지하고 있습니다.

이 규모는 대한민국 전체 기업의 시가총액 합계(약 2500조 원)의 무려 10배에 해당합니다. 금융권에서는 이를 "30년 만에 자본이 처음으로 단일 기술에 집중된 사례"라고 평가하고 있죠.

30년 전, 1995년 초 인터넷이 본격화되던 시기의 자본 흐름과 비교해볼까요? 그때 수천 억 달러의 자본이 막무가내로 몰려 닷컴 버블이 발생했고 결국 절반이 넘는 인터넷 기업이 파산하면서 '인터넷은 이제 끝났다'라는 말까지 나왔었습니다. 그런데 오히려 30년 후에 인류는 스마트폰 없는 세상을 상상할 수 없게 되었고, 인터넷 문명은 표준이 되었잖아요. 즉 혁명이 일어난 거죠.

지금은 바로 그 자본이 AI에 모여 있으니, AI 혁명의 출발점에 서 있는 셈입니다. 이 혁명의 에너지는 자본이에요. 자본이야말로 전 세계 우수 인재들을 끌어들이고, 나아가 산업 전체를 재편하는 에너지 그 자체입니다. 예를 들어 휴머노이드 로봇(사람처럼 생긴 로봇으로, 다양한 분야에서 인간의 작업을 돕거나 대신 수행하도록 설계된 기계)을 하나 개발한다고 생각해볼까요? 매출이 전혀 없는 상태인데 100조 원을 투입한다는 건 보통 때는 불가능한 일입니다. 그런데 바로 이처럼 폭발적으로 몰리는 자본이 있으면 가능해요.

인터넷 시대도 동일한 흐름이었죠. 그 역사의 반복이 지금 AI 시대에 일어나고 있고, 우리는 지금 자본의 흐름이 시대를 바꾸는 혁명적 변곡점에 서 있는 겁니다.

일단 써봐야 두려움이 사라진다

아직 AI를 접해본 적 없는 사람들이 사용법보다 먼저 접하는 게 '부작용'에 관한 이야기입니다. 두려움하고도 연결되는 부분이기도 하고요.

이런 사람들이 AI를 처음 접할 때 어떤 태도를 가져야 할까요?

AI를 처음 접할 때 가장 중요한 것은 '마음가짐'입니다. 이를 이해하기 위해 하나의 가정을 해보죠. 만약 지금 우리가 이 기억을 가지고, 30년 전 인터넷이 막 등장했던 시점으로 타임슬립을 한다면, 사람들은 인터넷을 미리 배우려 할까요? 아마도 그럴 겁니다.

왜냐하면, 지금의 우리는 당시 기술을 먼저 이해하고 활용했던 이들이 미래를 주도했다는 역사를 알고 있기 때문이죠. 바로 그와 같은 관점에서, 지금의 AI 역시 미리 접하고 사용해보고자 하는 태도 자체가 중요합니다.

그러나 안타깝게도 우리 사회는 전체적으로 새로운 기술에 대해 회의적인 시선이 강하게 작용하고 있습니다. AI에 대해서 "아직은 이르다", "부작용이 심하다"라는 관점이 강요되고 있어요. 예를 들어 공유차량 플랫폼 우버, 숙박 공유 서비스 에어비앤비, 비트코인과 같은 암호화폐의 사례를 봐도 이런 것이 처음 상용화될 때 제도적으로 엄격히 제한되거나 사회적으로 부정적인 담론이 주를 이루었습니다. 이런 분위기 속에서 AI에 대해서도 많은 사람이 '꼭 써야 하나?'라는 생각을 하게 되는 거죠.

하지만 기술의 미래 가치를 고려한다면, 지금은 오히려 '써보는 것'이 필수적인 시점입니다. 이미 유튜브를 비롯해 다양한 공개 교육 콘텐츠와 학습 채널이 매우 풍부하게 마련돼 있어요.

교육에서 이미 시작된 AI 세상

> 그간 언론에서는 챗지피티나 중국의 딥시크DeepSeek 같은 AI가 주로 소개되어 왔습니다만, 훨씬 더 다양한 AI가 나와 있지 않습니까? 사용에 능숙해진 학생들은 AI를 혼합해서 쓰는 경우도 있다던데요.

현재 생성형 AI는 다양한 분야에서 상상 이상의 활용도를 보여주고 있어요. 예를 들어, 마이크로소프트는 오픈AI의 챗지피티를 통합한 '코파일럿Copilot'이라는 서비스를 파워포인트에 내장해 제공하고 있습니다. 이 기능을 통해 사용자는 단순히 주제나 요청을 입력하는 것만으로도 자동으로 슬라이드를 생성할 수 있죠.

또한 '캔바Canva'와 같은 그래픽디자인 플랫폼에서 AI를 활용하면, 프레젠테이션, 포스터, 문서, 소셜미디어용 사진 영상 등 다양한 시각 콘텐츠를 제작할 수 있어요. 이 또한 주제를 입력하는 것만으로 자동으로 구성된 프레젠테이션 자료가 생성됩니다. 사용자가 이를 편집하거나 그대로 활용할 수 있죠.

더 나아가 최근에는 동영상에 음성까지 자동으로 생성해주는 AI 도구들도 등장했습니다. 사용자의 텍스트 지시를 기반으로, 영상에 적절한 내레이션 음성까지 포함한 완성된 콘텐츠를 만들어주는 수준에 도달한 거예요. 이러한 기술의 기반에는 모두 앞서 설명한 LLM이 자리하고 있고, 그 활용 범위는 점차 물리적 세계로까지 확장되고 있습니다.

특히 충격적인 변화는 '피지컬 AIPhysical AI'의 등장입니다. AI를 실제 사물에 탑재해 작동시키는 기술인데, 대표적인 사례가 자율주행 자동차와 노동로봇입니다. 전자는 자동차에 AI를 장착해 스스로 도로를 인식하고 주행하는 시스템이고, 후자는 로봇에 AI를 탑재해 인간의 업무를 지원하는 형태입니다.

> 과거에는 학생의 역량을 평가할 때 리포트를 얼마나 논리적으로 잘 쓰고, 발표 자료를 얼마나 잘 만드는지를 봤잖아요.
> 한데 지금처럼 AI가 이 과정을 상당 부분 대체할 수 있게 된 상황에서는 학생들의 능력을 어떻게 평가해야 할까요?

현재 교육 현장에서는 전체적인 과제 수행 과정을 스스로 총괄할 수 있는 능력, 즉 기획, 자료 구성, 발표까지의 전 과정을 통합적으로 평가하는 방향으로 전환되고 있습니다. 특히 미국 대학들의 수업 방식은 단순히 과제를 제출하는 게 아니라 학생이 직접 발표를 기획하고, 의견을 내고, 그것으로 함께 토론하는 과정 전체를 평가하는 방식으로 변화하고 있어요.

이러한 흐름 속에서 AI를 활용한 수업 평가는 점차 확산되고 있습니다. 예를 들어, 학생이 수업 시간에 발표한 내용을 AI가 분석해서 내용의 논리성, 표현력, 구성력 등을 기준으로 점수를 산출하는 시스템이 수업에 실제로 도입되고 있어요.

그런데 바로 이 변화 때문에 AI 시대의 교육은 오히려 학생에게 더 높은 사고력과 표현력, 창의적 기획 능력을 요구하게 됐어요. 왜냐하면, AI는 이미 전 세계의 문장과 상식을 학습하고 있지 않습니까. 사용자 역시 수준 높은 문장력과 지식, 그리고 사고 능력을 갖춰야 AI의 도움을 효과적으로 받을 수 있어요. 결국 AI를 잘 활용하기 위해서는 더 많이 읽고, 더 깊이 생각하고, 더 창의적으로 접근해야 한다는 역설적인 요구가 생기고 있는 셈이죠.

산업화 시대에는 업무가 철저히 분업화되어 있었기 때문에 각자 자신의 역할만 잘 수행하면 되었죠. 하지만 이제는 상황이 달라졌습니다. 오히려 그 분야별 세부 전문성은 AI가 더 정확하고 빠르게 처리할 수 있게 되었고, 인간은 그 다양한 요소를 종합적으로 이해하고 조율해서, 새로운 가치를 창출하는 역할에 집중해야 하는 시점에 와 있는 거예요.

즉 AI가 세부를 담당한다면, 인간은 전체를 기획하고 방향을 설정하는 능력을 갖춰야 하는 시대가 된 거죠.

인재를 산업으로 연결하는 AI 생태계

AI 시대에 맞춰 교육도 지금까지와는 완전히 달라야 한다는 생각이 드는데요. 대학의 수업 방식이나 목표는 어떻게 변화해야 할까요? 세계 대학들의 상황은 어떻습니까?

이미 대학 교육은 재편되고 있습니다. 스탠퍼드, MIT, 하버드 같은 미국 주요 대학들은 AI와 관련해서 새로운 수업과 유연한 프로그램을 활발하게 운영하고 있습니다. 제가 주목하는 건, 단순한 강의가 아니라 학생들이 직접 새로운 AI를 만들어내는 방식입니다.

예를 들어 대학 졸업 전에 그동안 배운 것을 실습해보는 프로젝트인 캡스톤 디자인Capstone Design도 있고, 다양한 AI 공모전도 열립니다. 이런 무대에서 학생들이 직접 문제를 해결하고 결과물을 내면서 실전 능력을 키우죠. 우리나라에서도 일부 하고 있지만, 미국은 그 규모와 기회가 훨씬 다양하고 촘촘합니다.

또 하나 특징적인 건, 학교 안에 창업 지원 프로그램과 인프라가 잘 갖춰져 있다는 겁니다. 창업을 준비하는 학생들이 모여 활동하고, 매주 한 번씩 1분 피칭을 하기도 하고요. 그 자리에 벤처캐피털 실무자들이 직접 와서 발표를 듣고, 피드백을 주고, "다음에는 이런 부분을 보완해봐라" 하면서 관계를 이어갑니다. 이렇게 해서 스물한두 살의 아주 젊은 나이에 '저 친구는 주목할 만하다'는 평가를 받으면, 벤처캐피털 커뮤니티 안에 금세 소문이 퍼집니다. 그 과정에서 이름을 알리고, 업계에서 일찍 두각을 나타내는 거죠.

이런 생태계는 미국만의 얘기가 아닙니다. 중국도 비슷한 구조를 갖고 있어요. 예를 들어 딥시크의 핵심 엔지니어 뤄푸리 羅福莉도 알리바바에서 운영하는 연구소에 발탁되어 경력을 쌓은 뒤, 자리를 옮겨 딥시크-V2를 개발한 겁니다. 이게 제가 말하는 'AI 생태계'예요. 인재를 골라내고, 키우고, 투자하는 순환 구조죠.

대학 입장에서 보면 이런 인재들은 단순히 졸업생이 아니라 훗날 학교에 큰 기여를 하는 존재가 됩니다. 마크 저커버그나 샘 올트먼은 대학을 중퇴했지만, 학교에 기부하고, 졸업식에서 연설하고, 명예학위를 받았어요. 그러면서 학교에 "인재들이 성장하는 데 필요한 시스템을 만들어달라"는 메시지를 전하고, 실제로 그런 프로그램이 만들어집니다. 결국 이 선순환이 계속되면서 다음 세대의 인재들이 다시 발굴되고 성장하는 거죠.

메리토크라시, 실력주의가 온다

앞으로 대학들이 AI 시대에 맞춘 인재들을 키워내는 곳이 되어야 한다는 말씀이군요. 그런데 AI 시대에는 학벌보다 실력을 중시하는 방향으로 사회가 바뀔 것이라는 전망도 있잖아요. 실제로 그런 흐름이 나타나고 있나요?

미국에 팔란티어Palantir라는 기술 기업이 있어요. 2003년에 피터 틸Peter Thiel이란 페이팔 출신 개발자가 설립한 기업으로, 데이터를 분석해 의사결정을 내리도록 돕는 소프트웨어 회사예요. 국가 안보나 기업의 공급망 관리까지 여러 분야에서 활용돼죠. 현시점에서 세계적으로 가장 주목받는 기업인데, 이곳이 얼마 전에 '메리토크라시Meritocracy 펠로십'이란 걸 내놨어요.

이들은 높은 SAT 점수를 받은 학생들을 대상으로 '굳이 대학에 진학하지 말고, 팔란티어 천재들과 함께 빅데이터를 분석하고 AI를 개발하는 인턴십에 참여하라'는 제안을 하고 있습니다. 이 인턴십 프로그램은 세계 각지의 인재들을 모아서 실제 AI 및 빅데이터 분석에 참여하게 하고 있죠. 이를 통해 학위 대신 실무 능력 중심의 경력을 중시하는 메리토크라시, 즉 '실력주의'를 확산시키고 있습니다.

페이스북 창업자 마크 저커버그, 오픈AI CEO 샘 올트먼 같은 인물들도 모두 대학 중퇴자 아닙니까. 기존의 학벌 중심 사회에서 AI 시대의 실력 중심 사회로의 변화를 보여주는 신호라고 볼 수 있어요.

대체되지 않으려면 AI 활용 능력이 필요하다

AI 분야로 자본과 인재가 빠르게 몰리면서 전 세계 산업 구조 자체가 완전히 재편되고 있는 상황인데요.
바로 지금 AI는 산업 전반에 걸쳐 어디까지, 어떤 방식으로 영향을 미치고 있습니까?

AI가 본격적으로 확산되면서 가장 직접적인 영향을 받는 영역 중 하나가 고용 구조예요. 많은 일자리가 AI에 의해 대체되기 시작했고, 그 결과 산업 생태계 자체가 빠르게 재편되고 있습니다. 즉 제일 맹주로 불리던 기업들이 자꾸 바뀌고 있어요.

유통 산업을 예로 들어보면, 예전에는 오프라인 중심의 신세계, 이마트, 롯데와 같은 기업들이 시장을 주도했지만, AI 기반의 물류 혁신과 디지털 플랫폼을 내세운 쿠팡 같은 기업이 등장하면서 시장의 주도권이 급격히 이동했습니다. 이는 단순한 기술 변화가 아니라 산업 권력 구조의 전환을 의미합니다.

이러한 사례처럼 AI는 고용 구조에 혁명을 일으키고 있어요. 예를 들어 디자인이나 기획 업무의 생산성이 AI의 도입으로 10배 이상 증가했다고 가정해봅시다. 그러면 기업은 당연히 투입 인력을 줄일 수 있고, 그렇게 되면 해당 분야에서 경쟁력 높은 다른 기업들을 대체할 수 있게 됩니다. 미국 실리콘밸리에서는 이미 이러한 흐름이 현실화되고 있어요.

> AI 시대가 본격화되면, 앞으로 어떤 직업은 성장할 것이고 또 어떤 직업은 소멸할 것이라는 미래 예측이 쏟아지고 있는데요.
> 교수님은 직업 생태계가 어떻게 달라질 거라 전망하십니까? 예를 들어 소위 '전문직'이라 불리는 변호사도 AI 시대에 존속할 수 있을까요?

법률 시장에도 위와 같은 원칙이 동일하게 적용되고 있습니다. 변호사의 고유한 판단과 변론 역량은 여전히 필요하지만, 대형 로펌에서는 AI가 리서치 어시스턴트의 역할을 상당 부분 대체하고 있어요. 리서치 어시스트가 하는 일이 변호사가 재판을 준비할 때 필요한 판례, 법률 자료를 찾아서 분석해주는 겁니다.

그런데 2025년 2월 오픈AI가 '딥리서치Deep Research'를 출시했어요. 딥리서치는 고난도 질문에 신뢰 가능한 정보를 바탕으로 체계적인 분석 보고서를 작성하는 AI 보조 도구예요. 쉽게 말해 박사학위급 수준의 보고서를 작성할 수 있는 AI죠.

이처럼 AI가 리서치 업무를 더 빠르고 정확하게 수행하는 게 현실화되면서, 대형 로펌 등에서는 리서치 어시스턴트 인력 감축이 실제로 이루어지고 있습니다. 결국 변호사의 고유한 법적 판단과 전략 수립 능력은 여전히 중요하지만, AI를 능숙하게 활용할 수 있는 사람일수록 더 높은 경쟁력을 확보하게 되는 거죠.

더하여 미디어 분야를 예로 들어볼까요? 우선 방송 진행자를 살펴보면, 최근 구글이 공개한 'VEO3'와 같은 시스템은 립싱크와 AI 음성 기술을 결합해 AI가 유튜버처럼 영상 콘텐츠를 제작합니다. 방송 내용만 짜주면 그걸 유튜브 방송으로 만들 수가 있는 거죠. 방송 진행자는 상당히 늦게 대체되기는 하겠지만, 변화는 시작된 거예요.

방송 PD 같은 경우도, PD 업무라는 것이 본질적으로 전체 제작 과정을 총괄하는 데 있잖아요. 과거에는 조사, 기획, 구성, 제작 등 각 단계마다 어시스턴트 인력이 다수 필요했지만, AI를 능숙하게 활용할 수 있다면, 동일한 업무를 훨씬 적은 인원으로도 효과적으로 수행할 수 있습니다. 즉 기획과 총괄 능력을 갖춘 PD가 AI 도구를 적극적으로 활용한다면, 프로그램 제작 전반에서 자기 역량을 더 효과적으로 발휘할 수 있게 된 거죠.

작가 직군의 경우는 가장 큰 위협을 받는 분야 중 하나예요. 실제로 할리우드 작가조합WGA은 챗지피티가 공개된 이후 6개월 만에 AI 관련 협상을 요구하면서 집단행동에 나섰습니다. AI가 시나리오를 포함한 창작 업무도 일정 부분 대체하고 있다는 의미죠.

노동로봇이 바꾸는 노동의 미래

그렇다면 육체노동이나 현장 중심의 직종은 앞으로 어

떻게 변화할까요? 그 변화가 노동시장과 직업 구조 전반에 어떤 영향을 미칠지 궁금합니다.

일단 운송 분야 이야기를 해보면, 최근 들어 로보택시 상용화에 대한 논의가 활발하게 이루어지고 있습니다. 대표적인 사례로, 테슬라의 FSD Full Self-Driving는 버전 12부터 완전 자율주행 기능을 갖추기 시작했고, 현재 버전 14까지 발전한 상태입니다.

유튜브를 찾아보면 로스앤젤레스와 샌프란시스코처럼 자율주행 학습 데이터가 풍부하게 축적된 지역에서는 이미 출근길 전체를 차량이 스스로 주행하고, 운전자가 핸들에 거의 손을 대지 않아도 되는 수준에 이르고 있어요. 주차장에서 주차장까지 완전 자율주행이 구현된 사례도 보고되고 있죠. 이러한 검증을 통해서 로보택시 상용화 가능성은 확신으로 이어지고 있습니다.

중국의 경우, 최근 우한시는 이미 400대의 무인택시를 실도로에 투입해 상용 운행 중입니다. 이러한 상황은 사람들에게 '택시 운전의 무인화가 실제로 가능하다'는 인식을 심어줘요. 그게 또 관련 산업 구조에 큰 전환을 일으키는 겁니다.

이뿐 아니라 테슬라는 '옵티머스 젠2 Optimus Gen 2'라는 휴머노이드 로봇을 공장에 투입해서 실제 작업을 학습시키는 실험을 2024년에 진행했습니다. 이제 학습이 끝난 상황이니 휴머노이드 로봇으로 무엇을 할 수 있을지, 할 수 없을지 구별도 끝났을 겁니다. 이를 바탕으로 테슬라는 2025년 내에 노동로봇 양산 공장을 착공하겠다는 계획도 발표했어요. 연간 5000대에서 1만 2000대 수준의 산업용 로봇을 생산해서 산업계에 본격적으로 보급하는 것을 목표로 하고 있죠.

우리의 기술력·반도체·제조업이 AI와 결합한다면

지금까지 언급된 기업이나 인물들을 보면, 마크 저커버그, 샘 올트먼, 오픈AI, 팔란티어 등 대부분이 미국 중심의 기술 기업과 인재들입니다. 반면 한국 기업이나 인재들의 이름은 거의 보이지 않는데요.
이런 AI 산업의 글로벌 경쟁 구도 속에서 이재명 대통령이 공약한 100조 원 규모의 투자가 실제로 집행된다면 우리 산업이 경쟁력을 확보할 수 있을까요?

AI 산업에 100조 원을 투자하는 것은 현실적인 재정 여건을 감안하면 쉽지 않은 이야기입니다. 과거에 제가 국가과학기술자문회의 심의위원으로 활동한 경험이 있는데, 그때 국가의 과학기술 연구개발 예산을 심의하는 일을 했어요. 올해 우리나라 과학기술 연구개발 예산이 약 30조 원 수준입니다. 이 상황에서 단기간에 100조 원을 투입한다는 것은 사실상 불가능에 가깝습니다.

그에 반해서 현재 생성형 AI와 피지컬 AI에 몰리는 글로벌 자본은 훨씬 거대합니다. AI 선도 기업 10곳의 시가총액만 합쳐도 약 3경 원에 달하는데, 이 기업들이 지분 1%만 매각해도 300조 원이 마련됩니다. 그 자금이 해마다 막대한 규모로 AI 연구개발에 재투자되고 있는 것이 현실이에요. 그러니 자금력으로는 세계와 격차를 좁히기 어려운 상황인 거죠.

하지만 이 흐름을 꼭 비관적으로만 해석할 필요는 없습니다. 30년 전 인터넷 혁명기를 돌아보면, 대한민국이 인터넷 시대를 먼저 열진 않았잖아요. 서버 기술이 중요했던 것도 아니었고요. 그러나 페이스북과 구글이 있었음에도 한국은 네이버와 카카오 같은 국내 특화된 플랫폼을 만들어냈잖습니까.

지금의 생성형 AI들이 당시 페이스북이나 구글이라고 생각하면, 우리도 AI 분야에서 네이버나 카카오처럼 한국 사회와 시장에 맞는 AI 서비스를 만들 수 있는 여지가 충분한 거죠. 게다가 지금 공개되고 있는 AI 핵심 기술 중 상당수가 오픈소스로 제공되고 있습니다. 과거 인터넷 기술이 보편화된 방식과 유사하다고 볼 수 있어요.

그러니까 핵심은 이렇게 개방된 기술들을 우리가 얼마나 잘 융합하고, 현지 실정에 맞는 형태로 재구성해, 세계시장에서도 통할 수 있는 서비스와 상품으로 발전시킬 수 있는가에 달려

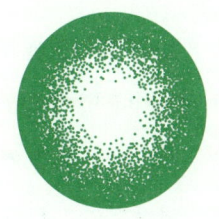

"핵심은 이렇게 개방된 기술들을
우리가 얼마나 잘 융합하고,
현지 실정에 맞는 형태로 재구성해

세계시장에서도 통할 수 있는
서비스와 상품으로
발전시킬 수 있는가에 달려 있습니다."

있습니다. 이를 위해선 우리의 경쟁력을 먼저 분석해야 합니다. 거기에 답이 있고요. 단순히 100조, 200조 원을 쓰는 것보다도, 우리가 보유한 강점을 잘 살려 나가는 생태계를 조성하고, 이를 전략적으로 확장해나가는 일이 중요하죠. 그러기 위해서는 전략적인 투자와 함께 제도적·기술적 기반을 꾸준히 개선하는 노력도 필요합니다.

중국제 로봇에 대한 불안감이 우리에겐 기회

그렇다면 우리가 지금 챗지피티나 딥시크 같은 모델을 뒤쫓는 방식으로 경쟁하기보다는, 오히려 새로운 영역을 개척하는 전략이 필요하다는 뜻일까요? 예를 들어 로봇 제조나 피지컬 AI 같은 분야처럼요.

딥시크 역시 오픈소스로 공개된 모델이라는 점 알고 계십니까? 2025년 1월에 딥시크가 처음 공개된 이후 잠시 주목을 받았지만, 현재는 다운로드 순위에서 10위 밖으로 벌써 밀려난 상황이에요. 이거야말로 자본과 생태계의 규모가 얼마나 AI 경쟁력에 결정적인 요소인지를 보여주는 사례죠.

하지만 그와 동시에 소스를 공개했다는 건 기술 장벽이

상당 부분 낮아졌다는 의미이기도 합니다. 그러니까 우리에게 일정 수준의 연구력만 있다면, 챗지피티나 딥시크 같은 대형 모델을 보편적으로 따라갈 수 있다는 뜻이죠. 포기할 이유는 전혀 없고, 오히려 꾸준한 개발이 더욱 중요해졌습니다.

실제로 한국은 이 분야에서 전혀 생소한 나라가 아닙니다. 예를 들어 네이버가 하이퍼클로바엑스HyperCLOVAX라는 독자적인 생성형 AI 모델을 얼마 전에 발표했어요. 그런데 이걸 개발할 수 있었던 것은 2015년부터 AI 기반 기술에 투자해왔기 때문이거든요. 즉 오랜 시간 조용히 축적해온 기술력과 인재 풀, 그리고 산업적 연속성이 존재한다는 겁니다. 물론 우리가 미국이나 중국만큼 할 수 있느냐? 그건 아닙니다. 대신 그 기술을 흡수할 수 있는 역량을 지난 10년간 키워온 거죠. 그렇다면 산업 분야에서 우리가 가진 강점은 뭘까요?

일단 AI 생태계의 경쟁력은 소프트웨어 기술력뿐 아니라 이를 구동할 수 있는 하드웨어 기반의 산업 역량에 달려 있습니다. 특히 생성형 AI의 연산을 가능하게 하는 핵심 장치가 GPUGraphics Processing Unit인데요. 대규모 데이터를 동시에 처리해야 하는 AI 학습과 추론 과정에서 필수적인 역할을 합니다.

현재 고성능 GPU는 대부분 대만의 반도체 기업 TSMC가 생산하는데, 이 중 상당수가 엔비디아의 설계에 기반한 칩입니다. 그런데 이 GPU에는 'HBMHigh Bandwidth Memory'이라는 고대역폭 메모리가 함께 탑재돼요. 이 메모리는 우리나라의 SK하이닉스와 삼성전자, 그리고 미국의 마이크론Micron Technology이 전 세계에 독점적으로 공급하고 있어요. 이러한 상황에서 미국은 중국에 관련 수출을 제한하고 있고, 중국도 이 분야에서 단기간 내 자립하기 어려운 상황이죠. 대한민국은 반도체 제조 역량을 보면 대만과 함께 세계 3대 반도체 생산 국가입니다.

두 번째, 제조업도 중요한데 대만은 이 부분이 약합니다. 일본도 마찬가지고요. 우리나라는 스마트폰·중공업·자동차 등 주요 산업 전반에 걸친 제조 인프라를 보유하고 있습니다. 이 같은 제조 기반과 AI 기술을 결합한다면, 향후 글로벌 비즈니스 모델의 주도권을 확보할 수 있는 잠재력을 갖추고 있다고 볼 수 있죠.

세 번째, 반도체·제조업·AI라는 세 가지 핵심 축을 모두 보유한 국가는 현재로선 한국과 중국뿐이에요. 더 솔직히 이야기하면, 중국의 기술력은 상대적으로 앞서 있지만, AI나 휴머노이드 로봇이 일상화될 미래를 고려했을 때, 보안 이슈나 정보 유출 우려로 인해 미국 등 주요국이 중국산 제품을 채택할 가능성은 크지 않습니다. 그렇다면 신뢰성과 기술력을 동시에 갖춘 제품을 만들 수 있고, 파트너로서 함께 갈 수 있는 나라는 한국뿐이에요. 그래서 지금이야말로 그 경쟁력을 산업적으로 확대하고 정책적으로 뒷받침해야 할 시점인 거죠.

AI 주권 확보,
대한민국의 다음 도전

말씀을 종합해보면, 앞으로 AI가 가장 중요한 국가 인프라가 될 수밖에 없는 상황입니다. 그렇다면 정부의 지원은 기존 산업과 어떻게 달라야 할까요?
앞으로 정부가 접근성을 높이는 관리자의 역할을 해야 할지, 아니면 규제 샌드박스 같은 제도를 더 적극적으로 적용해야 할지 궁금합니다.

미국이 지금 좋은 사례를 보여주고 있습니다. 올해 1월 '스타게이트 프로젝트Stargate Project'를 발표하면서 4년 동안 700조 원을 투입해 GPU 40만 개를 갖춘 초대형 데이터센터를 짓고 있죠. AI를 개발하든 연구하든 서비스를 하든 GPU 서버는 필수입니다. 예를 들어 AI 의사를 만들 경우, 막대한 데이터를 학습하고 테스트하려면 GPU 비용이 엄청나게 들어가는데, 미국은 이런 공익 목적의 개발에 필요한 자원을 공공적으로 지원하고 있습니다. AI 교사를 개발하거나 정부 서비스를 대체할 AI를 만드는 경우에도 이 인프라를 국민이 적극 활용할 수 있게 해주는 거죠.

우리 정부도 GPU 5만 개를 확보해서 데이터센터를 짓는 데에 100조 원을 투자하겠다고 했어요. 저는 이것을 매우 긍정적으로 봅니다. 외국 플랫폼과 AI 모델만 계속 쓰다 보면 'AI 주권'이 사라져요. 예를 들어 고구려는 누구의 역사였냐고 물었을 때, 중국 자료를 학습한 AI는 '중국'이라고 답하고, 독도는 어느 나라 땅이냐고 물었을 때, 일본 데이터를 많이 학습한 AI는 '일본'이라고 답할 수가 있는 거예요. 역사·문화·전통은 스스로 개발하고 공유하지 않으면, AI 시대에 쉽게 사라질 수 있습니다. 그래서 AI 주권, 즉 소버린Sovereign AI가 중요한 과제입니다.

앞으로 좋은 AI 기술이 나오면 우리의 데이터를 기반으로 활용해야 하고, 이를 위해서는 개발자와 활용 인재가 충분히 있어야 합니다. 그래야 네이버나 카카오처럼 국내 기업이 글로벌 기업과 경쟁할 수 있어요. 이것이 준비되지 않으면, 예를 들어 우리나라의 방대한 의료 데이터를 결국 해외로 내보내야 하는데, 그러면 지적 재산권은 다른 나라가 가져가게 되는 거예요.

핵심은 공공·공익 서비스를 위해 AI 개발 인재를 지속적으로 육성하고, 오픈소스를 가져오더라도 충분히 확장할 수 있는 역량을 갖추는 겁니다. 앞으로 전투 로봇, 무인기 등 국방 분야도 AI가 핵심이 될 텐데요. 그런 무기 체계를 완성하려면 자체 개발과 테스트를 위한 국가적 인프라가 반드시 필요합니다. 미국만큼은 못하더라도, 데이터센터에 대한 대규모 투자는 필수적이에요. 우리나라의 주권 AI 생태계를 키워갈 수 있는 투자가 정부 차원에서 이루어져야 합니다.

AI를 두려워할 것인가, 길들일 것인가

그런데 AI의 부작용과 범죄 가능성에 대한 우려가 여전히 많습니다. AI는 가짜뉴스나 딥페이크처럼 눈에 보이는 문제뿐 아니라, 보이스피싱 등 다양한 범죄에 악용될 가능성도 있고요.
이런 위험 요소를 개발 단계에서 보완해야 하는 걸까요, 아니면 입법을 통해 보완해야 할까요?

이건 업계 전체가 협력해서 풀어야 할 숙제입니다. 특히 공무원이나 입법하는 사람들이 기술을 제대로 공부해야 해요. 이해 없이 규제부터 만들면 문제는 더 커집니다. 실제로 우리나라에서 좀도둑이나 소매치기는 거의 사라졌지만, 사이버 범죄는 오히려 폭발적으로 증가하고 있습니다. AI가 본격적으로 쓰이면서 실제 딸처럼 보이는 합성 영상과 음성으로 납치 사기를 벌이는 보이스피싱까지 등장했어요. 디지털 지식이 부족한 노년층은 이것을 실제 상황으로 착각할 수 있죠. 그래서 지속적인 AI 교육이 필요합니다.

방어 기술도 중요해요. KT가 개발한 시스템처럼 통화 중 '위험 목소리 감지'라고 실시간 안내하는 기능이 대표적입니다. 개인정보를 외부로 빼내지 않고, 기기 내부 칩과 앱만으로도 구현할 수 있어 실효성이 높아요. 이렇게 범죄 기술이 발전하는 만큼 방어 기술도 함께 따라가 줘야 해요. 스마트폰이 처음 등장할 때도 스마트폰으로 은행 업무를 보면 해킹당할 수 있다는 공포가 있었지만, 그런 일은 벌어지지 않았잖아요. 바로 이게 범죄 기술만큼 방어 기술이 발전해서 그렇거든요. 앞으로 AI 시대의 핵심 기술 중 하나는 보안이 될 겁니다.

AI의 부작용을 살펴보면, 대표적인 게 '할루시네이션 Hallucination' 문제예요. 할루시네이션이란 AI가 실제로 없는 정보나 사실을 마치 진짜인 것처럼 그럴듯하게 만들어내는 현상을 말하는데요. GPT-5가 등장하면서 할루시네이션이 많이 줄긴 했지만, 요즘은 '버티컬 AI Vertical AI'라고 해서 특정 분야에 딱 맞춘 서비스를 만드는 게 진짜 비즈니스 모델이라고 많이들 이야기합니다. 모든 걸 다 하는 범용 AI는 사실 검색엔진과 비슷하게 다가옵니다. '이 정도는 믿을 만한데, 이 부분은 조금 과장일 수도 있겠다' 이런 식으로 걸러서 보게 되죠. 그런데 예를 들어 금융투자회사가 만든 투자 전용 AI라면 이야기가 달라집니다. 훨씬 신뢰도가 높아질 수 있는 거죠. 이렇게 AI가 점점 세분화되는 흐름이에요.

얼마 전 GPT-5가 나왔을 때는 이제 정말 AGI, 그러니까 '초지능'에 가까워진 거 아니냐는 말이 많았습니다. 샘 올트먼도 약간 과장된 발언을 했었고요. 그런데 막상 뚜껑을 열어보니, 예전 버전과 크게 달라진 건 없었습니다. 심지어 올트먼도 GPT-5는 AGI 기준을 충족하지 못한다고 이야기하기도 했죠. 그러다 보니 오히려 지금은 초지능보다 각 분야에 맞춘 현실적인 비즈니스 모델을 만드는 게 더 필요하다는 쪽으로 경향이 전환되고 있습니다.

그래서 저는 AI가 곧 세상을 지배할 거라는 우려는 아직 시기상조라고 봐요. 물론 기술은 계속 발전하고 경쟁도 치열해지고 있으니, 챗지피티가 처음 나왔을 때처럼 한 번에 판을 바꿔버리는 순간이 또 올 수도 있죠. 하지만 당장은 인류를 위협할 만큼의 수준은 아니고, 지금은 오히려 버티컬 AI처럼 전문적인 서비스를 중심으로 발전하는 게 더 중요한 시기라고 생각합니다.

혁신을 품는 유연한 규제의 시간

마지막 질문입니다. 국내 AI 산업은 이제 태동기나 다름없잖습니까. 산업은 육성해야 하고, 이미 발전한 AI의 부작용이나 범죄에도 대응해야 하는, 그야말로 이중적인 상황인데요.
앞으로 발전과 이를 둘러싼 규제 사이의 균형은 어떻게 맞춰야 할까요?

규제 방향은 중요합니다. 미국은 규제를 완화해 혁신 환경을 만들었지만, 유럽은 규제를 강화하면서 20년간 많은 스타트업이 미국으로 이전했고, 플랫폼 산업 경쟁력도 약화했어요. 규제가 심하면 변호사나 규제 전문가만 성장하고 혁신 인재는 빠져나갑니다. 한국도 무인택시, AI 의료 등에서 규제가 발목을 잡으면 같은 전철을 밟을 수밖에 없어요.

AI 시대의 규제는 무조건 막는 방식이 아니라, 기술적 완화책이 있다면 조건부 허용하는 유연한 체계여야 합니다. 규제를 만드는 쪽이 공부를 하고, 가능성이 있는 건 열어두고, 데이터를 보고 신뢰할 수 있는 부분은 과감히 지원해야 혁신 인재가 떠나지 않고 국내에서 도전할 수 있습니다.

마지막으로, 저는 지금이야말로 지난 30년의 기술 진보 역사를 돌아볼 때라고 생각해요. 인터넷과 스마트폰이 처음 등장했을 때도 부작용에 대한 우려가 컸지만, 결국 인류는 그 기술을 선택했고 삶의 양식이 근본적으로 변화했잖아요. 왜냐하면 적은 에너지로 더 많은 성과를 낼 수 있었기 때문이죠. 이러한 진화의 메커니즘은 거스를 수 없습니다.

따라서 비평은 하되 혁신을 거부해서는 안 됩니다. 부작용은 철저히 관리하고, 동시에 기술을 배우고 활용함으로써 미래를 준비하자. 이것이 우리가 지금 가져야 할 태도라고 생각합니다.

특히 정치 분야에서는 AI의 부작용을 지나치게 강조하기보다는, 두려움을 넘어서 새로운 세계관을 수용하고 미래로 나아갈 수 있는 용기가 필요합니다. AI를 가슴에 품고 나아가는 것. 경계의 대상이 아니라 내재화해야 할 동반자로 받아들여야 할 시대. 이것이 지금 우리가 가져야 할 자세라고 봅니다. ●

의료

의정 갈등의 해법이 곧 한국 의료의 미래다

▶ ▶ ▶

조동찬

한양대학교 융합의과학 특임교수. 한양대학교 의대를 졸업했고, 모교 병원에서 신경외과 전문의와 의학박사 과정을 마쳤다. 국군서울지구병원에서 신경외과 과장과 한양대병원 전임의를 역임했고, 17년간 SBS 의학전문 기자로 활동했다. 깊이 있고 다양한 의학 정보와 함께 병원의 숨겨진 세계를 시청자들에게 생생하게 전달해 한국방송대상(2014, 2019), 민주언론상(2016), 한국기자상(2020), 한국환자단체 언론인상(2022), 대한민국과학기자상(2022) 등을 받았다. 대표 저서로는 《지금 잘 자고 있습니까?》가 있다.

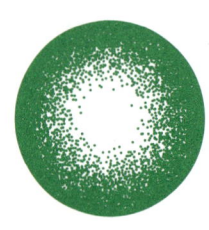

"결국 가장 큰 피해를 입는 건 환자니까
 서로를 향해 손을 내밀고
 한발 양보하는 자세가 필요합니다.

 지금 이 시점에서
 우리 보건의료를 다시 시작하기 위한
 핵심 키워드는
 '양보'라고 생각합니다."

REBOOT

의료계-정부 갈등의 장기화는 필수의료 붕괴, 의대 교육 중단 사태 등 한국 의료체계의 구조적 위기를 드러냈다. 오늘날 의료 위기는 단순한 제도 논쟁이 아니라 실질적인 피해가 환자와 미래 세대에 전가되고 있는 상황이다. 의료 인력 부족과 교육 공백은 수년 뒤 우리에게 어떤 부작용을 드러낼 것인가? 의사 증원이나 공공의대 신설 같은 해법은 또 어떤 새로운 위기를 잉태할 것인가? 새로운 정부가 이 사태를 어떻게 수습하느냐에 따라 한국 의료의 미래가 달려 있다.

일러두기   2025년 6월 6일에 진행한 인터뷰입니다.

리부트 대한민국

악화일로를 걷고 있는 의료계 상황

기자로서 의정 갈등을 밀착 취재하셨고 이제는 교육 현장에서 학생들을 가르치는 입장이 되셨는데요. 지금 현장에서는 상황을 어떻게 보고 있습니까? 본질적으로 큰 변화가 없는 상황인가요?

전혀 나아지지 않았습니다. 현장의 체감으로 보면 오히려 상황은 더 심각해졌다고 느껴집니다. 비유하자면, 이전 정부 시절의 분위기는 냄비 속 물의 온도가 40도였는데 지금은 50도까지 올라간 상태라고 할 수 있어요. 갈등의 온도는 분명히 높아졌고, 그 속에 있는 사람들로서는 점점 더 버티기 어려운 상황이 되고 있는 거죠.

그러면 악화일로라는 말씀인데, 교육 현장이 아닌 병원

의 현실은 어떤가요?

실제로 제 주변의 사례를 통해 체감하고 있는 건데, 최근 이런 일이 있었습니다. 한쪽 콩팥으로 살아가시는 분이 그 콩팥에 돌이 생겨서 응급 상황이 발생한 거예요. 119를 통해 여러 대학병원을 전전했지만, 이게 심각한 통증을 동반하는 응급질환인데도 중증질환이 아니라는 이유로 끝내 입원 치료가 이루어지지 못했습니다. 그래서 제가 119를 통하면 입원이 안 될 수도 있으니, 걸어서 직접 응급실로 들어가보라고 방법을 제안드렸어요. 그래서 그분이 알음알음 수소문해 인천의 한 병원까지 가야 했습니다. 지금은 대학병원과 상급종합병원들이 응급 중증환자를 중심으로 구조를 개편하면서, 중증이 아닌 응급환자들은 치료받기가 훨씬 어려워진 상황입니다.

현재 폐암 환자의 경우 대기 기간은 이전 17일에서 12일 늘어난 29일로, 약 한 달 가까이 기다려야 하고요. 유방암이나 자궁경부암 환자 역시 사정은 비슷합니다. 물론 상급종합병원들이 간호사나 보조 인력 충원을 통해 진료와 수술량을 늘리려고 노력하고는 있지만, 내부를 들여다보면 시스템은 여전히 매우 불안정하고, 상황이 나아졌다고 보기도 어렵습니다.

의정 갈등은 근본적인 문제가 아니다

이런 이른바 '응급실 뺑뺑이' 현상이 생긴 원인이 정확히 뭔가요? 역시 전공의들이 파업하고 복귀하지 않아선가요?

응급의학과 전문의들은 "응급의학과 전문의가 없어서 응급실 뺑뺑이가 생기는 경우는 거의 없다"고 말합니다. 뇌출혈 환자가 응급실을 찾아와도 수술할 수 있는 신경외과 전문의가 없으면 응급의학과 전문의는 환자를 다른 병원으로 보낼 수밖에 없어요. 2022년 서울의 한 대형병원에서 뇌출혈로 쓰러진 간호사가 다른 병원으로 옮겨야 했던 이유도 당시 해당 병원에 개두술을 하는 신경외과 전문의가 없었기 때문입니다. 복막이 터진 환자, 태반이 박리된 임신부, 열이 펄펄 끓는 신생아가 응급실에 도착해도 외과, 산부인과, 소아청소년과 전문의가 없으면 다른 병원으로 발길을 돌려야 하는 거죠.

응급실 뺑뺑이는 응급실에서 벌어지는 일이지만 신경외과, 외과, 산부인과 등 응급환자를 실제로 치료하는 배후 진료 전문의가 부족해서 생기는 현상입니다. 파업 이전에도 응급실 뺑뺑이는 대한민국 의료 시스템의 고질적인 문제였고, 2024년 의대 정원 증원 문제로 전공의가 파업하면서 더 악화한 거죠.

여기에는 또 다른 구조적인 문제도 있습니다. 상급종합병원에 전공의가 지나치게 많았다는 건데, 파업 전 국내 상급종합병원 의사 중 30~40%가 전공의였습니다. 거의 전문의와 비슷한 수준이었던 거죠. 물론 상급종합병원은 규모도 있고, 여러 과가 있어서 많은 전공의가 필요하지만, 미국이나 일본의 상급종합병원 전공의 비율이 10%인 것과 비교하면 지나치게 높아요.

왜 이런 걸까요? 여기에는 병원의 경영 논리가 반영돼 있습니다. 국내 의료수가가 낮은 탓이긴 하지만 병원은 전문의 대신 인건비가 상대적으로 싼 전공의로 병원 의사 숫자를 채워온 겁니다. 그런데 이번 전공의 파업으로 인력이 최대 40%까지 빠지니 배후 진료 의료진이 더욱 부족해지고 결과적으로 응급실 뺑뺑이 현상이 심각해진 거죠.

현재 병원에서는 기존 전공의 대신 전문간호사, 전담간호사 등 간호 인력으로 이 상황을 극복하고 있어요. 하지만 상당수의 전공의가 수련을 받지 못하는 상황이 이어진다면, 전문의 배출이 줄어들고 결국 국민에게 공급되는 의료 서비스의 질이 떨어질 수밖에 없을 겁니다. 응급실 뺑뺑이 현상 안에 있는 구조적인 문제를 해결하지 않고, 임시방편으로 해결하기는 어려울 것으로 보여요.

필수의료, 의료수가의 문제는 무엇인가

이번 의정 갈등은 윤석열 정부의 필수의료 정책에서 비롯된 거잖습니까. 대체 필수의료란 뭐고, 의료수가는 무엇을 말하는 건가요? 여기에는 어떤 문제가 있는지 궁금합니다.

신경외과, 흉부외과, 소아청소년과 등 주로 '중증 응급환자'를 진료하는 과목을 '필수의료'라고 합니다. 그런데 안과, 피부과 같은 진료과목에도 망막출혈, 박리성 수포성 피부병 등 중증 응급환자를 보는 예도 있어서 진료과목으로만 필수의료를 구분하기는 어려워요. 내과, 외과, 소아청소년과 등도 수술과 중증 응급진료를 하는 경우가 많아서 필수의료라고 부릅니다.

그런데 필수의료는 의료수가가 원가에 못 미치는 경우가 많습니다. 뇌출혈 환자를 수술하려면 수술실, 수술 장비 등의 시설 비용과 집도 의사, 수술 보조 간호사 등 인건비가 드는데 이걸 '원가'라고 하고, 이에 대해 병원이 환자나 건강보험공단에서 받을 수 있는 돈을 '의료수가'라고 합니다. 그런데 건강보험정책심의위원회 산하 의료비용분석위원회가 2024년 발표한 의료수가의 원가 보전율을 보면 내과계 87%, 외과계 84%로 원가보다 낮고, 지원계(영상검사·체액검사 등)는 149%로 원가보다 높았습니다. 즉 내과, 외과 의사는 단순히 환자만 진료하면 손해를 보는 구조예요. 이 때문에 설령 불필요하더라도 CT, MRI 등 영상의학적 검사나 혈액, 소변 등의 체액을 검사해야 병원을 운영할 수 있는 거죠.

원칙대로 뇌출혈 환자를 수술하면 할수록 오히려 손해를 보는 구조이기 때문에, 개두술 신경외과 전문의도 갈수록 줄어드는 겁니다. 최근 여러 대학병원이 정신건강의학과 병동을 대폭 줄였는데, 이것도 정신건강의학과의 원가 보전율이 55%에 불과하기 때문이에요. 이런 비정상적인 구조가 20년 넘게 방치된 이유는 '필수의료에서 손해를 보더라도 여러 검사를 시행해서 벌충할 수 있다'는 논리 때문이었는데요. 하지만 이 논리 탓에 필수의료를 전공하는 의사가 계속 줄고 있었던 거죠.

의대 증원 사태는 어떤 연쇄작용을 일으킬까

의대생의 유급과 복귀를 두고, 교육계나 언론에서는 '트리플링'만큼은 막아야 된다는 목소리가 높습니다.
세 학년이 한 강의실에서 함께 수업을 듣게 될 수도 있다는 이 우려, 실제로 그러한 사태가 현실화될 수 있을까요? 그게 왜 안 좋은 겁니까?

복귀가 계속 늦어지면, 내년에는 실제로 그런 상황이 벌어질 수 있습니다. 2024학번이 3058명, 2025학번이 4500명, 그리고 2026학번이 약 3000명 정도 될 것으로 보이는데요. 결국 약 1만 명의 의대생이 한 해에 수업을 받아야 하는 상황이 되는 겁니다. 물론 이 모든 것은 1년 안에 복귀가 이루어지고 갈등이 해결된다는 전제하에서 가능한 시나리오입니다. 그런데 현재 전국에 있는 의대 전체를 다 합쳐도 1만 명의 의대생을 동시에 교육할 준비가 되어 있다고 보기는 어렵습니다.

대학들이 어떻게든 수업 준비를 한다고 해도 매년 일정하게 배출되어야 할 의사 수에 영향을 줄 수밖에 없을 텐데요.
특히 작년과 올해 학번이 집단 유급된다면, 본과 졸업 후 전문의 자격을 취득하는 시점에는 의사 공급이 눈에 띄게 줄어들지 않을까?

한국보건의료인국가시험원(국시원)에 따르면 2025년에 치른 제89회 의사국가시험 응시자 382명 중 최종 합격한 인원은 269명입니다. 2024년 합격자가 3045명이었는데, 올해는 8.8%에 불과한 거죠. 올해 전문의자격시험을 최종 합격한 사람은 509명입니다. 지난해 2727명과 비교하면 80% 이상 감소한 수치고요.

> 의정 갈등 문제는 주로 의대생들의 복귀 여부에만 초점이 맞춰져 있어서 이런 사태가 장기화될 때의 영향은 일반 시민의 피부에 와닿지 않는 것 같아요.
> 의사 공급이 급감한다면, 우리의 일상 의료 서비스에 어떤 변화와 어려움이 닥치게 될까요?

전문의 수련 과정과 의대생 교육 과정이 멈췄습니다. 일반인들은 이게 지금은 현실적으로 안 와닿을 수 있어요. 큰 변화가 없다고 생각하실 수 있죠. 실제로 대학병원에서 수술을 받고 진료도 진행되니까요. 하지만 전공의가 없는 상황에서 간호사 선생님들 또는 AI의 도움으로 의료 현장이 간신히 유지되고 있는 게 현실입니다. 그런데 이 상태가 전공의와 전문의의 배출 없이 5년 이상 지속된다면 어떻게 될까요? 의사 없이 간호사나 기술만으로 의료를 감당할 수 있을까요? 당연히 그렇지 않습니다. 현재 가장 심각한 문제는, 의료 인력의 핵심인 전문의 수련 과정과 의대 교육이 완전히 멈춰 있다는 점입니다.

　이 사태가 1년 4개월 동안 지속된 일인데, 앞으로 2년만 더 이어져도 수천 명의 의사와 전문의가 배출되지 않는 상황이 벌어집니다. 지금은 '다른 방식으로 수술도 되고 진료도 되니까 괜찮은 것 아닌가?'라는 착각이 있을 수 있지만, 이런 공백의 여파는 결국 고스란히 다음 세대의 몫이 될 수밖에 없습니다. 냄비 속 물이 점점 끓어오르듯이, 이 변화는 서서히 그러나 확실하게 우리의 의료 시스템을 위협하게 될 거란 얘기입니다.

근거 없는 숫자, 남겨진 혼란

전공의와 의대생들의 복귀가 이렇게까지 지연되리라고는 아무도 예상하지 못했습니다. 이번 사태가 이런 지경까지 온 근본적인 원인은 무엇이라고 보십니까?
물론 전 정부가 의대 정원 2000명 증원을 고수한 것이 핵심 원인이겠지만, 더 깊은 구조적인 원인이 있다고 보시나요?

정말 예상하지 못했던 숫자였죠. 일단 보건복지부가 주장하는 2000명이라는 숫자에는 과학적인 근거가 전혀 없었습니다. 보건복지부는 서울대·한국개발연구원·한국보건사회연구원 이 세 보고서를 바탕으로 2035년에 의사 인력 1만 명이 부족해질 거라고 봤어요. 그래서 5년간 매년 2000명 증원이라는 숫자가 나온 겁니다.

그런데 그 주장에 인용된 보고서의 저자들이 자신들의 연구 내용을 보건복지부가 잘못 인용했다고 보고 있거든요. 또 의료 기술이란 게 시간이 갈수록 발전이 있을 것 아닙니까? 그런 것들은 가정에 넣지 않았어요.

이재명 정부는 앞으로 과학적 근거에 기반한 정책을 추진하겠다고 약속했습니다. 그러나 윤석열 정부 당시 과학적 근거 없이 '의료개혁'이라는 명분만으로 대규모 정책을 도입하고, 그로 인한 혼란을 초래한 것에 책임을 져야 하는 인물이 분명히 있을 거예요. 의료계에서 이러한 책임을 묻고자 하는 목소리가 나오는 것 또한 저는 당연한 일이라고 봅니다.

문제는 지금 그 정책을 추진한 당사자들이 자취를 감췄다는 점입니다. 이제 새 정부가 들어섰고, 어떻게든 이 상황을 수습해야 한다는 책임이 현 정부에 남겨졌어요. 지금 중요한 것은 이 사태를 어떻게 해결할 것인가 하는 현실적인 해법을 찾는 일입니다.

해결의 실마리는 '양보'에 있다

현 사태를 해결하기 위해 이재명 정부가 가장 먼저 해야 할 일은 무엇이라고 보십니까?

지금은 서로가 서로에게 너무 많은 것을 기대하지 않는 것이 중요합니다. 예를 들어서 이재명 대통령은 후보 시절, 전공의와 의대생들에게 "저를 믿고 복귀해달라"고 호소했지만 당시 전공의와 의대생들은 복귀하지 않았거든요.

반대로 전공의와 의대생들은 새 정부가 들어서면 본인들의 요구를 파격적으로 수용할 것이라 기대했어요. 하지만 대선 당시 강청희 더불어민주당 보건의료특별위원장은 '제21대 대선 과학·보건의료 공약 토론회'에서 미복귀 의대생들이 "정권이 바뀌면 더 좋은 기회가 있을 테니까, 더 많은 걸 얻을 수 있을 테니까"라는 식으로 투쟁의 수단으로 삼는 것에 대해 민주당은 "고려한 바가 없다"고 말했어요. 다시 말해 자신들이 정권을 잡더라도 특별히 더 줄 당근은 없다고 한 거죠.

현 정부의 원칙은 의대 정원 증원을 0명으로 하든, 아니면 늘리든 과학적인 추계를 통해서 하겠다는 겁니다. 이 방향에 대해선 의료계 내부에서도 동의하는 기류고요. 내년 의대 정원은 증원 계획을 철회하고, 원래 정원 수인 3058명으로 동결되었어요. 정부가 내놓을 수 있는 이보다 더 좋은 조건의 카드는 거의 없다는 의견이 의료계에서도 나오고 있거든요.

따라서 지금 상황은 정책적인 명분의 문제라기보다는 감정의 문제에 가깝다고 봅니다. 정부 역시 '새 정부가 들어왔으니까 복귀해라', '우리는 가해자가 아니다'라고 말하고 있는데, 의대생과 전공의 입장에서는 여전히 거리감이 존재합니다. 물론 새 정부가 가해자는 아니지만, 이럴 때일수록 양보하는 마음으로 의료계와 대화하는 자세가 필요하지 않나 싶어요. 서로가 양보하지 않으면, 답이 안 보이는 상황입니다.

정부 입장에서는 현재 고3 수험생들의 입시 현실을 감안하면, 내년에 의대 신입생을 아예 안 뽑겠다는 정책을 내는 건 불가능한 일이거든요. 정부가 한발 물러서서 내년에는 의대 정원 증원을 안 하겠다, 원래 하던 대로 3058명만 뽑겠다고 했는데도, 지금까지 의정 갈등이 지속되는 상황은 명분의 문제라기보다 '감정의 문제'라고 보는 거죠.

감정의 문제가 본질이라면, 결국 단순한 원상복구만으로는 갈등이 봉합되기 어려울 텐데요.
앞으로 현 정부가 추가로 내놓을 수 있는 혹은 내놓아야 할 카드가 있다면 어떤 것이 있을까요?

전공의와 의대생들이 요구했던 이른바 7대 요구안이 있습니다. '필수의료 정책 패키지와 의대 증원 계획 전면 백지화'뿐 아니라 '과학적 의사 수급 추계를 위한 기구 설치', '전문의 채용 확대', '의료사고에 대한 구체적인 법적 대책 제시', '전공의 수련 환경 개선', '부당한 명령 철회 및 사과' 그리고 '업무개시명령 폐지'였는데요. 하지만 현 정부가 이 모든 요구를 수용하기는 쉽지 않은 상황입니다. 기존 정부가 7대 요구안 중에서 할 수 있는 건 한 상황이고, 추가로 카드를 내놓는 것엔 현실적으로 한계가 있어요.

그럼에도 불구하고 중요한 점은, 왜 시간이 지날수록 전공의와 의대생들의 마음이 더 상했는지를 짚어보는 겁니다. 그 핵심에는 정부 차원에서 진정성 있는 사과가 없었다는 점이 자리하고 있다고 생각해요. 공식적인 사과가 오히려 갈등 해소의 출발점이 될 수 있다는 점을 지금은 진지하게 검토할 필요가 있습니다.

공공의대와 지역의사제, 실효성은 있는가

이재명 대통령은 후보 시절, 지역의사제와 지역의대, 그리고 공공의료 사관학교 신설을 통해 지역 간 의사 불균형 문제와 필수의료 인력 부족 문제를 해소하겠다는 공약을 제시한 바 있는데요. 이런 공약의 실현 가능성과 정책 효과는 어떻게 보십니까?

지금 우리나라에서 의사들이 지방에 가지 않으려고 하는 이유는 단순히 소득 때문만은 아닙니다. 의사들이 도시에 거주하고 싶어 하는 경향이 강해지고, 자본주의적 성향이 뚜렷해졌다는 문제의식으로, '조금 덜 벌더라도 사명감을 가지고 지역에서 일하겠다는 마음을 가진 의사를 길러내면 어떨까?' 하는 발상에서 제안된 것이 바로 '공공의대'라는 개념입니다. 정말로 그 목적대로, 지역과 필수의료를 담당할 인력을 양성하는 교육기관이 성공적으로 만들어질 수 있다면, 공공의대는 분명 긍정적인 역할을 할 수 있을 겁니다.

그런데 세계적인 상황을 살펴봤을 때, 일본, 대만, 영국 등 여러 나라에서 '지역의사제'나 '공공의대' 제도를 도입했지만, 현재까지 이러한 목적을 성공적으로 달성한 사례는 없습니다. 영국의 경우 약 40개의 의과대학이 있는데, 모두 국공립대학 소속, 즉 공공의대입니다. 대부분 국가보건서비스NHS와 연계해서 교육과 임상 실습이 이루어져요. 입학 정원도 NHS 수요에 따라 매년 조정하고요. 영국의 공공의대도 인재 유출이나 만성 적자 같은 부작용이 있지만, 지역의사제, 즉 지역GP제도는 부작용이 큰 상황입니다. 지역에 있는 의사들은 전문의가 아니라 일반의 거든요. 일반의들이 환자 수가 적은 지역에서만 10년, 20년 장기간 근무하면, 상대적으로 임상 경험이 부족해집니다. 이는 동일한 질병에 대해서도 사망률 차이로 이어지고 있어요.

공공의료와 지역의료를 살리겠다는 의도는 분명 공감할 수 있는 방향이지만, 그 수단이 과연 적절한가에 대해서는 더욱 정밀한 검토가 필요합니다. 특히 사관학교 방식의 공공의대 신설이나 지역의대 확대는 최소 10년 이상의 장기적인 안목이 필요한 사업이에요. 이재명 정부 임기 내에 가시적인 성과를 내기는 현실적으로 어렵고요. 따라서 지금 단계에서는 실효성 있는 제도 설계와 장기적 비전을 중심으로 정책을 조율하는 것이 중요하다고 봅니다.

　이와 관련해 다른 당의 입장도 참고할 필요가 있습니다. 예를 들어 개혁신당이나 국민의힘은 공공의료에 대해 구조의 개혁과 구조의 효율화가 우선이라는 방향을 제시했거든요. 국민의힘은 미래의료위원회 신설이라든가, 전문가 중심의 협의체를 구성하겠다고 했고요. 개혁신당도 보건복지부와 분리된 상설 협의체를 구성해서 중장기 계획을 도입하겠다고 했습니다.

　실제로 많은 국민이 위급할 때 공공병원이 아닌 이른바 '빅5 병원(서울대병원·세브란스병원·서울아산병원·삼성서울병원·서울성모병원)'을 찾고 있는데, 이들이 단순히 유명한 병원을 찾아 상경하는 게 아니라 실제 치료를 위한 현명한 판단이라는 분석도 있습니다. 결국 공공병원이 왜 외면받고 있는지를 먼저 진단하고, 그다음에 필수의료와 지역의료 문제를 풀어가는 방향이 보다 더 실질적인 접근이 될 것 같아요.

모두가 피부과, 성형외과를 선호하는 이유

요즘은 외과나 흉부외과를 전공하고도 결국 성형외과 진료과목으로 개업해 강남 등지에서 활동하는 경우가 많습니다. 하지만 의대 정원 증원도 쉽지 않고, 공공의

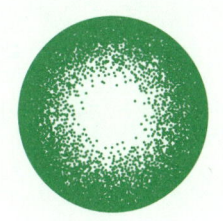

"결국 공공병원이
왜 외면받고 있는지를 먼저 진단하고,

그다음에 필수의료와
지역의료 문제를 풀어가는 방향이
보다 더 실질적인 접근이
될 것 같아요."

대 설립도 여러 난관에 부딪히고 있는데요.
이런 상황에서 필수의료 인력 부족 문제, 어떻게 해결해야 한다고 보십니까?

필수의료 인력이 부족한 근본적인 원인은 신경외과 전문의가 뇌수술을 하지 않고, 흉부외과 전문의가 심장수술을 하지 않고, 산부인과 전문의가 출산 진료를 기피하는 현실에서 드러납니다.

이러한 기피 현상은 일 자체도 힘든데, 높은 위험성과 그에 대한 법적·제도적 보호까지 부재하니까 생긴 거예요. 저희 세대까지는 힘든 일 정도는 기꺼이 감당했습니다만, 나이가 들면 사고 위험도 높아지잖아요. 이런 상황에서 법적으로 방어할 수단이 거의 없다는 점은 매우 현실적인 문제인 거죠. 따라서 필수의료를 살리기 위해서는 의료진의 부담을 줄이고, 진료 과정의 위험성을 완화할 수 있는 실질적인 장치 마련이 시급합니다.

물론 이 문제를 의사 중심의 논리로만 풀 수는 없습니다. 환자 입장에서 보자면, 심장수술이나 뇌수술을 받기 위해 목숨을 걸어야 하는 상황은 결코 용납될 수 없는 일이기 때문이죠. 결국 환자의 안전성을 보장하면서 의사의 직업적 위험성을 동시에 고려할 수 있는 접점을 찾아야 합니다. 의료계와 정부, 그리고 시민사회가 머리를 맞대고 함께 해결책을 모색할 필요가 있어요.

의료계도 국민의 반감에 대한
성찰이 필요하다

그런데 사실 환자들, 우리 국민은 이 사태와 관련해서 아직 의사들에게 반감을 갖고 있습니다. 상대적으로 타 직종에 비해 고소득자들이기도 하고, 이번 갈등 국면에서 '정부는 의사를 못 이긴다'는 의사 불패의 태도 같은 것도 영향이 있었다고 보는데요.
의료계엔 어떤 고민이 필요할까요?

2022년 OECD 보건통계를 보면 우리나라는 GDP의 약 9.7%를 보건 의료비에 지출하고 있거든요. 보건 선진국보다 현저히 적은 수준, OECD 평균 정도라고 할 수 있어요. 그런데 이 보건통계에 나와 있는 여러 의료 서비스의 질 평가 항목은 OECD 국가 중 최상위입니다. 국민이 내는 보건 의료비는 보건 선진국들보다 적으면서 국민이 받는 의료 서비스는 최고 수준인 건 객관적인 사실이죠. 이러면 의사의 소득을 따지는 건 의미가 별로 없습니다. 우리나라 의사의 소득이 다른 나라보다 지나치게 높다고 몰아가는 주장은 정제되지 않은 자료의 그것도 일부만 발췌해서 사실을 왜곡한 측면이 있어요.

그런데 우리나라 내에서는 다른 직업에 비해 의사의 소득이 높은 것은 사실입니다. 국내 의료 시스템이 세계 최고 수준이라고 해도 지방은 필수의료의 공백이라는 한계에 봉착해 있고요. 게다가 세계에서 가장 빠르게 재난적인 고령화가 진행되고 있습니다. 의사들이 보기에는 과학적인 근거도 없고, 정교한 계산도 없는 의대 정원 증원 정책에 국민 다수가 찬성한 건 이런 시대적 상황을 인지하고 있기 때문이라고 봐야 해요.

특히 의사들의 이야기가 국민에게 통하지 않았던 이유는 철저히 반성해야 합니다. 아무리 맞는 이야기라도 듣는 이를 배려하지 않으면 소통이 잘되지 않는 법이에요. 의사들은 '국민의 관점'에서 '국민의 언어'로 이야기하는 법을 숙지할 필요가 있습니다. 병원에서 환자의 터무니없는 말도 경청해야 하는 것처럼, 병원 밖에서 견해가 다른 사람의 말도 존중해주는 태도도 중요하다고 봐요.

한국 의료의 미래를 위해
이번 정부가 해야 할 일

결국 새 정부가 환자의 목소리, 의사의 목소리를 다시 잘 들어야 된다는 말씀이시군요. 그럼 대한민국 보건의료의 정상화를 위해서 '리부트'하려면 제일 첫 단계로 무엇을 시작해야 할까요?

우선은 지금 우리가 처한 현실이 얼마나 심각한지를 정확히 직시하는 것이 출발점이 되어야 합니다. 이는 의료계만의 몫도, 정부만의 몫도 아닙니다. 모두가 지금 상황의 위중함을 똑바로 바라봐야 합니다.

그리고 무엇보다 중심에는 환자가 있어야 해요. 결국 가장 큰 피해를 받는 것은 환자니까 서로를 향해 손을 내밀고 한 발 양보하는 자세가 필요합니다. 지금 이 시점에서 우리 보건의료를 다시 시작하기 위한 핵심 키워드는 '양보'라고 생각합니다.

마지막 질문입니다. 말씀을 종합해보면, 이번 의정 갈등은 결국 대한민국 의료제도의 구조적 문제가 수면 위로 드러난 사건이라고 볼 수 있을 것 같습니다.
그렇다면 앞으로 우리 사회가 풀어야 할 가장 중요한 과제는 무엇일까요? 더 나아가 한국 의료의 미래는 어떻게 전망하십니까?

지난 정부가 급작스럽게 의대 정원 증원 정책을 발표한 이유로 대한민국의 '초고령화'를 꼽았습니다. 이재명 정부는 공공의대, 공공병원으로 초고령화에 대비하겠다는 것으로 보여요. 그렇다면, 우리보다 먼저 고령화에 진입했고, 공공의료 시스템을 운영하는 영국을 살펴볼까요?

코로나19 팬데믹 시기에 영국 최고 권위 의학자가 〈코로나19와 영국의 공공의료 시스템은 국가적인 비리Offline: COVID-19 and the NHS — "a national scandal"〉라는 제목의 기고문을 세계 3대 의학 저널인 《랜싯The Lancet》에 발표한 적이 있습니다. 영국 내에서 갑상선암 환자가 2년 넘게 기다리다 사망한 예도 기사화된 바 있고요.

많은 전문가가 영국의 공공의료 시스템은 붕괴 중이고, 그것이 영국의 고령화 합병증을 더 가속화시킬 것으로 분석했습니다. 이에 대해 영국이 내놓은 대책은 무엇일까요? '외국인 의사 도입'입니다. 최근 들어서는 그 증가세가 가파른데, 2021년 기준 영국에서 배출된 의사의 62.4%가 외국 출신입니다. 의사 수입국을 살펴보면 1위가 인도, 2위가 파키스탄, 3위가 이집트, 4위가 나이지리아, 5위가 수단이에요.

특히 나이지리아와 수단에서 의사를 수입하는 것을 두고 국제적인 비판이 강합니다. 이들 국가는 인구 대비 의사 숫자가 영국의 3분의 1에 불과해요. 그런데 영국은 부족한 의사를 보충하기 위해서 보건 후진국의 사정은 나 몰라라 하고 있는 거죠. 이런 국제적인 비난에도 외국인 의사를 수입하는 이유를 영국은 분명하게 밝히고 있습니다. "해마다 영국에서 배출된 의사 중 10%가 영국 공공의료 시스템을 떠났고, 이 비율은 30%까지 치솟을 전망인데 그들을 붙잡으려면 돈이 많이 든다", "외국에서 의사를 수입하면 그들의 학비를 대지 않았기 때문에 비용은 영국 전공의보다 싼 것이다"라고 말하고 있어요.

결국, 돈 때문입니다. 고령화로 의료 수요가 늘어나는 건 맞지만, 그걸 영국 의사로 충당하려면 돈이 너무 많이 들어서 외국인 의사를 수입한 거죠. 영국에서 돈 있는 사람들은 이제 공공의료 시스템을 이용하지 않습니다. 보통 영국에서 교육받은 의사들이 근무하는 사설 병원을 이용하는데, 매우 비싼 치료비를 부담해야 하는데도 이용률이 가파르게 늘고 있어요. 고령화로 영국의 공공의료 시스템은 사실상 붕괴했고, 빈부의 차이에 따라 이용하는 병원이 달라지는 결과로 이어진 거죠.

고령화는 우리나라의 건강보험 재정에도 심각한 타격을 줄 겁니다. 건강보험공단 건강보험연구원이 조사한 결과를 보면, 65세 이상 연령층의 진료비가 2025년 60조 원에서 2040년에 177조 원으로 껑충 뛰어요. 반면, 인구 감소로 건강보험공단의 수입은 계속 감소해서 2028년부터는 건강보험공단의 잉여금이 모두 소진될 거로 전망됩니다.

이걸 벌충하려고 미래의 젊은 세대에 짐을 지우는 게 옳은 일일까요? 고령화에 따른 재난적인 의료비를 노인 세대와 젊은 세대가 어떻게 비용을 절감하고, 어떻게 합리적으로 분담하며, 그러면서도 빈부의 격차에 상관없이 어떻게 골고루 양질의 의료 서비스를 받을 수 있을지 머리를 맞대야 하는 시점입니다. ●

교육 #1

대통령도
가짜뉴스에
속는
이유

▶ ▶ ▶

조병영

한양대학교 사범대학 국어교육과 및 대학원 러닝사이언스학과 리터러시 전공 교수. 미국 피츠버그대학교와 아이오와주립대학교에서 교수로 재직했다. 유럽리터러시통합학회의 명예회원, 외국인 최초로 '2026 개정 미국 국가교육발전평가 위원'으로 위촉되었고, 유럽리터러시정책네트워크 전문위원으로 활동하는 등 명실공히 리터러시 연구 및 교육 분야의 권위자다. 대표 저서로는 《읽는 인간 리터러시를 경험하라》《읽었다는 착각》《기울어진 문해력》이 있다.

"역정보를 만들어내는 사람 중에는
고학력자들이 많습니다.

전문 용어나 복잡한 문장을 사용하고,
그럴듯한 통계 수치나
전문가처럼 보이는 분위기를 풍기면서,
겉으로 보기에는
상당히 신뢰감이 있어 보이는 경우가 많죠."

REBOOT

짧고 자극적인 콘텐츠에 익숙해진 우리는 긴 글을 읽고 깊이 있게 사고하는 능력을 잃어가고 있다. 그리고 이는 교육과 사회 전반에 걸쳐 드러난다. 더 큰 문제는 문해력의 기울어짐이다. 스스로 옳다고 믿는 정보만 받아들이고, 타인의 의견을 배척하는 경향이 강해지면서 사회적 갈등과 정보 편식이 심화되고 있다. 여기에 AI 기반 가짜뉴스까지 더해져 정보 왜곡은 더욱 정교하고 광범위해졌다. 과연 우리는 비판적 문해력을 다시 배우고, 공동체 회복의 길로 나아갈 수 있을 것인가? 아니면 이대로 가짜뉴스에 집어 삼켜질 것인가?

리부트 대한민국

문해력은 단순히 글을 읽고 쓰는 문제가 아니다

최근 교육 분야에서 '문해력 부족'에 대한 우려가 자주 제기되고 있습니다. 특히 문해력 저하가 가짜뉴스 확산의 주요 원인 중 하나로 지목되면서, 그 중요성에 대한 사회적인 관심도 높아지고 있는데요.
본격적인 논의에 앞서 '문해력'의 개념을 짚어볼 필요가 있겠습니다. 정확히 어떤 개념입니까?

문해력이라는 건 말 그대로 하자면 '글을 풀어내는 능력'이에요. 그런데 '풀어낸다'라는 것이 단순히 읽는 데만 필요한 게 아니라, 글을 쓸 때도 마찬가지로 작용하거든요. 그러니까 문해력은 글을 읽고 쓰는 능력, 이렇게 말할 수 있죠.
원래 영어로는 '리터러시literacy'라고 하고, 그걸 우리말로 번역한 게 '문해력'입니다. 그런데 요즘은 우리가 다루는 '글'

의 형태 자체가 매우 다양해졌잖아요. 단지 활자 텍스트뿐 아니라 시각적인 글도 있고, 그래프도 있고, 차트도 있고요. 그러니까 그런 다양한 형태의 글을 읽고 쓰는 능력까지 문해력에 포함된다고 봐야 해요.

그리고 또 하나 '우리가 왜 글을 읽고 쓰는가' 하는 점도 살펴봐야 합니다. 결국 우리는 글을 읽고 쓰면서 공부도 하고, 일도 하고, 사람도 사귀고 관계도 맺잖아요. 아주 넓은 의미에서 문해력이라는 건 단순히 글을 읽고 쓰는 능력이 아니라, 그것을 바탕으로 세상과 삶을 사색하고, 사람들과 어울려 배우고, 또 일하고 소통하고 협업하는 사회적 실천이라고 할 수 있습니다.

> 요즘에는 아이들뿐 아니라 어른들, 그러니까 학생들은 물론이고 그들의 부모 세대까지도 '문해력이 부족하다'는 얘기가 곳곳에서 나오고 있습니다. 교수님께서는 이 분야를 20년 넘게 연구해오셨는데, 현장에서 그 변화를 체감하시는지 구체적인 일화가 궁금합니다.

문해력 저하와 관련한 재미있는 일화들이 꽤 많습니다. 예를 들면 이런 거죠. '사흘'이라는 말은 분명 3일을 뜻하는데, '사四흘'이라고 쓰면서 4일이라고 오해하는 경우가 있고요. 또 '심심甚深

한 사과'라는 표현을 들으면, 원래는 '진심 어린 사과'라는 뜻인데 '사과를 왜 이렇게 심심하게, 따분하게 하냐'고 묻는 경우도 있어요.

학교에서 '중식 제공합니다'라고 가정통신문을 보냈더니, '우리 아이는 한식 좋아하는데요'라는 반응이 왔다는 얘기도 있고, 또 '행사가 우천 시 연기됩니다'라는 안내에 '우천시가 어디 있는 곳인가요?'라고 되물었다는 일화도 있습니다. 이런 건 사실 말뜻을 아느냐 모르느냐와 관련된, 재미있는 사례들이긴 하죠.

최근 저도 수업을 마친 뒤에 학생들에게 "오늘 많은 것들을 체화하는 경험을 했습니다"라고 말했더니, 한 학생이 "교수님, 오늘 우리가 뭘 많이 체했나요?"라고 묻는 일이 있었습니다. '체화'는 어떤 것이 몸에 밴다는 뜻인데, 물론 좀 어려운 단어이긴 합니다만, 학생들이 그 단어 자체에 익숙하지 않았던 거죠.

이처럼 낯선 단어에 대한 오해는 웃어넘길 수 있는 에피소드일 수도 있지만, 사실 문해력은 단순히 '말을 알고 모르고'의 문제를 넘어섭니다. 문해력이라는 건 글이나 말로 의사소통을 할 때, '그 의미가 얼마나 정확하게 맥락에 맞게 전달되고, 또 그것을 우리가 제대로 이해할 수 있는가' 이 전체 과정을 포함합니다. 나아가 그것은 우리가 세상을 보다 정확하게 인식하고, 사회적 맥락에 능동적으로 참여할 수 있는 능력과도 깊이 연결돼 있죠.

대면 상호작용의 감소로
문해력이 부족해진 학생들

그렇다면 교수님께서는 현재 학생들의 문해력이 전반적으로 약화되고 있는 이 현상의 원인을 어떻게 보시는지요? 무엇이 학생들의 문해력을 이렇게 낮추고 있는 걸까요?

학생들의 문해력이 약화되는 이유는 여러 측면에서 추론해볼 수 있습니다. 무엇보다 첫 번째로 중요한 건, 아이들이 글을 읽을 '기회' 자체가 현저히 줄어들었다는 점이에요. 이건 아이들의 잘못이라기보다는, 현재의 사회 구조와 환경 탓이 크다고 봅니다.

요즘 아이들이 주로 소통하는 방식은 디지털 미디어 중심이고, 대부분이 15초 안팎의 짧은 영상, 이른바 유튜브의 쇼츠나 틱톡, 트위터처럼 길이가 짧은 '숏폼Short-form' 콘텐츠에 집중돼 있잖아요. 또 예전처럼 종이신문을 정독하거나 긴 글을 찾아 읽는 경험도 거의 사라졌고요. 지금은 그냥 인터넷상에서 기사 제목이나 단어 몇 개만 보고 '세상이 이렇게 돌아가나 보다' 하고 넘어가게 되는 거죠.

결국 하루 24시간이라는 시간은 예전이나 지금이나 똑같지만, 그 안에서 책이나 글, 문자 언어를 접할 수 있는 '절대 시간'이 줄어든 셈이에요. 그만큼 아이들은 자연스럽게 글과 멀어지고, 긴 문장을 이해하거나 문맥을 파악하는 힘도 약해질 수밖에 없습니다.

그리고 여기에 더해서 요즘 아이들은 대면 상호작용, 그러니까 사람과 사람이 직접 얼굴을 마주하고 말로 소통하는 경험이 예전보다 훨씬 줄어들었어요. 그것도 문해력과 밀접하게 연결돼 있다고 봅니다.

> 언뜻 생각하기로는 문해력과 대면 상호작용이 무슨 상관이냐 싶긴 한데요. '대면 상호작용'과 '문해력', 어떤 메커니즘으로 연결되는 건가요?

이런 변화는 특히 코로나19 팬데믹 이후에 더 뚜렷하게 나타나기 시작했습니다. 우리가 흔히 말하는 '서로 만나서 이야기하는 것'은 사실 단순한 대화 이상의 과정을 포함하고 있어요. 단어를 주고받는 것만으로 끝나는 게 아니라 표정과 말투를 읽고, 맥락을 파악하고, 상대의 감정까지 헤아리는 아주 복합적인 의사소통 과정이죠. 이런 상호작용은 단순한 언어 처리 능력을 넘어서, 매우 높은 수준의 사고와 사회적 공감과 경청 능력을 요구하는 과정입니다.

그런데 코로나19 팬데믹 이후로 그런 대면 소통의 기회가 급격히 줄어들었고, 아이들은 점점 디지털 미디어 중심의 단편적이고 단선적인 의사소통 환경에 익숙해지고 있어요. 이로 인해 자연스럽게 어휘력이라든가, 복잡한 문맥을 이해하고 해석하는 능력 등이 약화되는 경향이 나타나고 있습니다. 게다가 학교에서 아이들이 접하는 읽기·쓰기 활동의 형식도 영향을 미쳐요. 공부는 많이 하고 있는데, 교과 과정에서도 짧은 글, 단문 중심의 토막글 읽기나 쓰기에 치우쳐 있죠.

결국에는 길고 복잡한 글을 깊이 있게 읽고, 시간을 들여 노력하면서 이해하는 경험 자체가 부족해진 것이 문제라고 생각합니다. 그런 활동이 줄어들다 보니, 자연스럽게 글에 집중해서 사고하고 맥락을 따라가는 능력도 함께 약화되는 거죠.

표현의 폭이 결국
생각의 폭이다

요즘 학생들에 대해서 표현력이 부족하다는 지적도 자주 들려옵니다. 실제로 대화해보면 '헐', '대박' 같은 단어만 반복한다는 기사도 있고요.
교수님께서는 대학에서 직접 학생들을 가르치고 계신데, 현장에서도 예전과 비교했을 때 학생들의 표현력 수준이 떨어졌다고 느끼시나요?

중고등학교 학생들 같은 경우에는 실제로 일상에서 그런 표현들을 자주 씁니다. '헐', '대박' 같은 말들은 옛날 표현이고, '찢었다' 같은 조금 더 새로운 유행어들이 많습니다. 물론 이런 표현들은 세대 경험의 일부이기 때문에 그 자체를 나쁘다고 단정할 수는 없다고 봅니다.

다만, 중요한 건 어휘의 다양성입니다. '쩐다', '찢었다', '헐', '대박'처럼 감탄을 하나의 단어로 끝내는 것이 반복되다 보면, 사실은 그 안에 담긴 감정을 훨씬 더 세밀하고 풍부하게 표현할 수 있는 기회들을 놓치게 되거든요.

예를 들어 '엄청나다', '놀랍다', '대단하다', '신기하다', '섬뜩하다', '짜릿하다'처럼 상황에 맞춰 다양한 어휘로 감정을 구체화할 수 있는데, 반복적이고 단편적인 표현만 사용하게 되면 자연스럽게 생각의 폭도 좁아질 수밖에 없습니다. 어휘는 단지 말의 재료가 아니라, 생각과 감정 표현의 재료이기도 하니까요. 감정 표현도 섬세하지 못할 가능성이 크죠.

말을 다양하게 구사한다는 건, 단순히 언어 능력의 문제를 넘어서 결국 타인과의 관계를 더 다양한 방식으로 정교하게 형성할 수 있는 능력과도 연결됩니다.

일부에서는 스마트폰의 등장 이후 문해력이 급격히 약화되었다고 말하기도 합니다. 사실 저만 해도, 예전엔

> 자투리 시간에 종이신문을 읽곤 했는데, 어느 순간부터는 스마트폰으로 유튜브 쇼츠 같은 짧은 영상 위주로 소비하고 있어요.
> 이런 경험을 떠올려보면, 지금의 학생들은 이 스마트폰 때문에 훨씬 더 짧고 단편적인 정보에 익숙한 환경에서 자라나고 있을 거란 생각이 들어요.

스마트폰이라는 도구 자체가 우리의 소통 방식과 정보 접근 방식을 근본적으로 바꿔놓은 건 맞습니다. 스티브 잡스가 아이폰을 출시한 시기가 2007년인데, 지금의 청소년들은 대부분 그 이후에 태어난 세대입니다. 이 친구들은 태어나면서부터 스마트폰을 통해 세상을 접해왔어요. 정보를 얻는 것도, 사람들과 소통하는 것도, 글을 쓰는 방식조차도 모두 스마트폰이라는 매체를 기반으로 하고 있죠.

결국 이들은 기존의 활자 중심, 긴 글 중심의 문해 경험과는 전혀 다른 방식의 언어 환경 속에서 성장해온 세대라고 할 수 있습니다. 그러니까 그전까지 우리가 알고 있던 문자 언어 중심의, 긴 글 중심의 그런 문해력과는 완전히 다른 종류의 소통 환경과 경험들을 갖게 된 거죠.

교육제도는 문해력 저하에
대응하고 있는가

이제는 학생들의 문해력을 실질적으로 향상시킬 수 있는 방법을 고민해야 할 시점인 것 같습니다. 교수님께서는 이 문제를 해결하기 위해 어떤 접근이 필요하다고 보시나요?
특히 문해력을 높이려면 교육과정을 어떻게 개선하거나 보완해야 할까요?

학생들의 문해력을 높이기 위해서는 교육과정 전반에 대한 점검이 필요하다는 의견도 많지만, 저는 조금 다른 관점에서 접근하고 싶습니다. 일단 교육과정이라는 것은 '무엇을 가르칠 것인가?'라는 의미입니다. 그런데 우리나라 교육과정 자체는 매우 잘 설계되어 있어요. 많은 사람이 흔히 '한국 교육은 망했다'라는 식의 비판을 하지만, 제가 외국에서 생활해본 경험으로 말씀드리자면, 한국처럼 탄탄한 공교육 시스템을 갖춘 나라는 드뭅니다.

국가 차원에서 재정이 균형 있게 배분되고 있고, 고등학교에서 전교 1등 하던 학생들이 교사가 되어서 세계 최고 수준의 탁월한 교사들이 학교에서 근무하고 있어요. 또 정부가 개발한 교육과정도 내용 면에서 매우 체계적이고 훌륭합니다.

하지만 문제는, 이렇게 잘 만들어진 시스템과 자료, 이렇게 좋은 교사들이 일하고 있는 교육 현장에서 아이들이 얼마나 '즐겁고 의미 있는 방식'으로 그것들을 경험하고 있느냐입니다. 정말 아이들이 즐겁게 배우고 있느냐는 게 가장 중요한 부분인데, 그 부분에 간극이 있는 거예요.

예를 들어 문해력의 중요성이 아무리 강조된다고 해도, 실제 고등학생들이 학교에서 가장 많이 요구받는 읽기 활동은 '빨리 읽기'입니다. 수능 국어영역 시험에서 4~5단락의 복잡한 지문을 읽고 4~5개의 문제를 8분 안에 풀어야 하니까요. 결국 아이들은 깊이 있는 사고나 맥락의 이해보다는, 단시간 내에 요령껏 정답을 찾는 훈련에 집중하게 됩니다. 이런 방식으로는 진정한 의미의 문해력을 키우기 어렵습니다.

중요한 건, 아이들이 자신의 삶과 연결된 방식으로 글을 읽고 쓰면서 배움 자체를 즐겁게 경험할 수 있도록 교육이 설계돼야 한다는 점입니다.

기울어진 문해력이란?

지금까지는 학생들의 문해력에 대해 말씀 나눴는데, 이는 사실 '기성세대인 어른들의 문해력은 괜찮은가?'라는 질문으로 이어지게 됩니다. 저 역시 그 대상에 포함되는 사람으로서 스스로에게도 되묻게 되더라고요.

교수님께서는 성인의 문해력 문제에 주목하시면서 《기울어진 문해력》이라는 책도 내셨는데요. 여기서 말씀하신 '기울어진 문해력'이란 정확히 어떤 의미일까요?

'기울어진 문해력'이라는 표현에는 세 가지 주요한 의미가 담겨 있습니다.

첫 번째는 모든 사람은 본질적으로 어느 정도 편향되어 있다는 점입니다. 우리는 각자 자신이 가진 관점이나 경험, 신념에 따라 세상을 해석하고 받아들이는 경향이 있습니다. 이러한 '기울어짐' 자체는 인간의 자연스러운 특성이지만, 문제는 자신이 기울어져 있다는 사실을 스스로 인지하지 못할 때 발생합니다. 즉 자신의 해석이 언제나 옳다고 믿고, 다른 의견을 받아들이지 않는 태도가 문해력 문제로 이어지는 거죠.

두 번째는 문해력의 목적과 방향에 관한 문제입니다. 문해력에는 크게 두 가지 종류가 있다고 생각해요. 하나는 '먹고살기 위한 문해력', 즉 시험 점수를 잘 받고 좋은 학교에 진학하기 위한 문해력이고, 다른 하나는 '좋은 삶을 위한 문해력', 즉 자기 성장과 공동체의 지속 가능성을 위해 필요한 문해력입니다.

그런데 지금 한국의 상황은 이 두 문해력 사이의 균형이 깨졌습니다. 개인적 성공을 위한 문해력에 지나치게 치우쳐 있는 상황이고, 공동체적 감수성과 성찰을 위한 문해력은 상대적으로 소외되고 있죠.

세 번째는 그러다 보니 사회 집단 간의 문해력 격차가 생깁니다. 세대 간 문해력 차이는 물론이고, 성별 간의 격차, 그리고 내국인과 외국인, 특히 이주민 인구와의 문해력 차이도 점점 벌어지고 있어요.

현재 국내 이주민 비율이 5%를 넘었고, 인원으로는 250만 명 이상인데, 이들과 기존 구성원 사이의 소통 기반이 다르기 때문에 문해력의 간극이 커지고 있는 겁니다. '기울어진 문해력'은 세 가지 의미를 포괄적으로 담은 거죠.

모두가 가짜뉴스의 공급자가 된 세상

'기울어진 문해력'에 대한 설명을 듣고 나니, 자연히 가짜뉴스 이야기가 떠오릅니다. 최근 들어 자신이 보고 싶은 것만 보고, 듣고 싶은 것만 듣는 경향이 심각해졌는데요. 특히 최근 비상계엄 사태, 탄핵 정국을 거치면서 그러한 경향성이 가짜뉴스의 폭발로 이어진 것 같습니다.

교수님께서는 최근의 가짜뉴스 확산 현상을 보면서 어떤 점이 가장 우려스러우셨나요? 또 이를 통해 우리는 어떤 문제의식을 가져야 할까요?

가짜뉴스라는 건 사실 새로운 현상은 아닙니다. 어떻게 보면 인류의 역사 전체가 '가짜뉴스의 역사'였다고 해도 과언이 아닐 정도로, 오래전부터 유언비어는 인류와 계속 함께해왔죠. 하지만 최근 들어 가짜뉴스 문제가 더욱 심각해진 이유는, 거의 모든 사람이 그것의 생산과 유통에 직접 또는 간접적으로 '연루'되고 있다는 점 때문입니다.

오늘날에는 누구나 스마트폰을 통해 정보에 접근합니다. 그리고 그 정보가 진짜인지 가짜인지 충분히 확인하지 않은 채, '이거 봐라, 진짜래' 하며 무심코 공유하거나 '좋아요'를 누르면서 결과적으로는 가짜뉴스의 확산에 일조하는 구조 속으로 들어가죠. 이제는 가짜뉴스를 단순히 '남이 만든 것'이라고 보기 어렵고, 우리 모두 그 생산·가공·유통 과정에 참여하고 있다는 점에서 문제의 본질이 달라졌습니다.

특히 최근 비상계엄 사태와 탄핵 정국과 같은 중요한 정치적 국면에서는 가짜뉴스의 폐해가 더욱 심각하게 드러났습니다. 이 시기에 가장 우려스러웠던 점은 가짜뉴스의 유포 주체가 일반 시민이 아니라 정치인들이었다는 거예요. 정치인들이 실제로 일어난 일을 '일어나지 않았다'고 말하고, 모두가 본 사실을 '아무도 보지 못했다'고 주장하면서, 피해자가 존재하는 사건에서조차 '가해자는 없다'는 식의 담론을 퍼뜨리는 모습은 민주주의 사회에 매우 심각한 위협입니다.

가짜뉴스 자체도 위험하지만, 그 생산의 근원이 사회 지

"오래전부터 유언비어는
인류와 계속 함께해왔죠.

하지만 최근 들어 가짜뉴스 문제가
더욱 심각해진 이유는,
거의 모든 사람이 그것의 생산과 유통에
직접 또는 간접적으로
'연루'되고 있다는 점 때문입니다."

도층에 있다는 현실, 이것이야말로 우리가 가장 경계해야 할 부분이에요.

고학력자가 가짜뉴스에 더 취약하다

일반적 상식으로는 공부를 많이 한 고학력자나 사회 엘리트층이라면 정보를 분별하는 능력이 뛰어나 가짜뉴스에 쉽게 속지 않을 거라고 생각하기 마련이잖아요. 그런데 오히려 고학력자일수록 가짜뉴스에 영향을 받는 경우가 많다는 지적도 있더군요.
교수님께서는 이 현상을 어떻게 해석하시는지요? 지식 수준이 높은 사람들이 오히려 가짜뉴스에 더 취약해지는 이유는 무엇입니까?

OECD에서 가입국을 대상으로 고등교육 이수율을 분석한 데이터를 보면, 우리나라는 전 세계에서 가장 고학력자가 많은 나라 중 하나입니다. OECD 평균(41.0%)에 비해 13.5%p 높아서 세계 4위죠. OECD 국가들 가운데 대학 진학률도 74.9%로 세계 최고 수준이고요. 그런데 아이러니하게도 OECD에서 10년 만에 국제성인역량조사 PIAAC 결과를 발표했는데, 10년 사이에 문해력 평균 점수가 10% 이상 하락했어요. 한국 성인의 언어 능력은 500점 만점에 249점으로 OECD 평균인 260점보다 11점 낮았고, 10년 전 점수인 273점과 비교해보면, 20점 이상 크게 하락했습니다.

또 하나 주목할 점은, 연령이 높아질수록 문해력이 더 빠르게 저하된다는 특징이 있다는 거예요. 예컨대 10년 전의 50대와 지금의 60대를 비교해보면, 같은 세대임에도 문해력의 하락 폭이 매우 큽니다. 저는 이런 현상의 주요한 원인이, 사람이 알고 있는 지식과 믿고 있는 신념이 오히려 자신의 인식을 '기울어지게' 만든다는 점에 있다고 봅니다.

사람은 자기가 알고 있는 것, 자기가 믿고 싶은 것만 보려고 하고, 찾고, 클릭하게 됩니다. 그러다 보면 어느 순간 이런 착각에 빠지게 돼요. '나처럼 생각하는 사람이 이렇게 많아?' 하고 말이죠. 하지만 사실 그건 디지털 플랫폼 안의 제한된 알고리즘 환경 속에서 만들어진 '착시 현상'에 불과합니다. 이렇게 구미에 맞는 정보와 사람으로 둘러싸인 가상 공간 안에 갇히게 되면 현명한 문해력을 발휘하기가 어려워요.

그 바깥에는 전혀 다른 생각을 가진 사람들이 더 많을 수 있는데도, 그걸 보지 못하게 되는 거죠. 더욱이 요즘엔 AI 기반 추천 시스템이 개인의 기호와 성향에 맞춘 정보만을 시속적으로 제공하기 때문에, 사람들은 자신이 틀렸음에도 불구하고 끊임없이 '맞아, 맞아'라는 피드백을 받게 됩니다. 그 결과 자기 확신은 더 강화되고, 편향이 더욱 고착되는 구조가 형성되죠.

여기에 하나 더 중요한 요소가 있어요. 많은 성인이 갖고 있는 대표적인 인지 오류 중 하나가 바로 '편향맹점bias blind spot'입니다. 이건 쉽게 말해 '나는 옳고, 남은 틀렸다'는 사고방식입니다. 즉 '나는 객관적인데 너는 주관적이다', '나는 이성적인데 너는 감정적이다'라고 여기는 태도죠. 특히 어른들이 많이들 이렇게 생각합니다. 이런 사고는 부모와 자녀 사이에 대화가 단절되는 이유이기도 하고, 직장에서 상사와 부하직원 간의 갈등, 더 나아가 정치인이 국민과 반목하는 것도 이런 이유에서입니다. 정치인들은 자신이 다 알고 있다고 생각하거든요.

결국 중요한 건, '내가 틀릴 수도 있다', '내가 잘못 생각했을 수 있다', '다른 의견이 있을 수 있다'는 가능성을 받아들이는 태도예요. 스스로의 생각에 대해 끊임없이 점검하고 열어두는 자세가 필요한 거죠.

역정보가 평범한 사람에게
미치는 영향

최근에는 가짜뉴스가 단순한 유언비어나 허위 사실에 그치지 않고, 형식과 내용 면에서 점점 더 정교해지고 있다는 인상을 받습니다. 교수님께서는 이러한 가짜뉴스의 정교화 추세 속에서 주목할 만한 패턴이 있다고 보시나요?

점점 더 정교해지고 있는 게 맞습니다. 특히 최근에는 AI 기술이 빠르게 발전하면서, 영상이나 이미지 같은 시각 자료는 거의 실사에 가까운 수준으로 생성이 가능해졌습니다.

이런 기술을 악의적인 목적에 사용하는 사례도 늘고 있고요. 이런 고의적이고 악성인 정보 조작을 '역정보disinformation'라고 부릅니다. 경제적 또는 정치적 이득을 확보하기 위해 고의적으로 퍼뜨리는, 대중에게 해를 끼칠 수 있는 콘텐츠죠. 그런데 놀랍게도 이 역정보를 만들어내는 사람 중에는 고학력자들이 많습니다. 전문 용어나 복잡한 문장을 사용하고, 그럴듯한 통계 수치나 전문가처럼 보이는 분위기를 풍기면서, 겉으로 보기에는 상당히 신뢰감이 있어 보이는 경우가 많죠.

이처럼 형식은 전문적으로 보이는데, 내용은 교묘하게 왜곡된 정보들이기 때문에 일반 시민이 이를 단박에 가려내기 어려운 경우가 많고, 그래서 '되게 그럴듯하다'라고 생각하면서 믿게 되는 거죠. 또 믿는 것을 넘어서 자신도 모르게 무의식적으로 퍼뜨리는 참여자가 되기도 합니다.

그러니까 악의적인 의도를 갖고 정교하게 제작된 역정보의 진위를 구분하지 못하면, 평범한 사람도 의도치 않게 사람을 다치게 할 수 있는 거죠.

속지 않기 위해 문해력을 키우는 4가지 방법

그렇다면 우리가 이러한 구별 능력을 키우고, 가짜뉴스에 속지 않도록 문해력을 키우는 데 실질적으로 도움이 될 만한 방법에는 어떤 것들이 있을까요?

일단은 이게 쉽지가 않은 일입니다. 사실 직업이 기자인 사람도 하나의 팩트를 검증하려면 이틀, 길게는 한 달 이상 걸리는 경우도 많거든요. 그런 작업을 일반 시민이 일상에서 실천하기는 현실적으로 매우 어렵습니다. 하지만 현장에서 체감한 몇 가지 기본적인 원칙은 있습니다.

첫째, '눈에 보인다고 해서 모두 믿지는 말라'는 원칙입니다. 즉 눈에 보이는 것을 직관적으로 판단해서 곧바로 '사실', '진실', '정답'이라고 단정하지 말고, 잠시 '지금 내가 보고 있는 이 장면 혹은 문장이 어떤 맥락 안에 놓여 있는가', '보이지 않는 다른 해석 가능성은 없는가'를 한 번쯤 의심해보는 태도가 필요합니다. 즉 읽고 보고 들은 것의 근거와 주장을 살피고, 그 둘 사이의 보이지 않는 전제와 가정을 따져보는 분석적 사고가 필요하다는 얘기입니다.

둘째, '출처 확인'입니다. 어떤 정보가 눈에 들어왔을 때, 이 정보가 어디에서 왔는지 반드시 살펴봐야 합니다. 예를 들어 어떤 뉴스가 〈김태현의 정치쇼〉에서 나온 건지, 그게 믿을 만한지, 전문적인지에 따라 신뢰도의 수준이 완전히 달라지거든요. 단순히 내용만 보고 판단할 게 아니라 저자는 누구인가, 매체는 무엇인가를 함께 점검해야 합니다. 더하여 출처가 권위 있는 곳이라고 해서 너무 의존하는 것도 주의해야 합니다. 권위가 남용되고 있진 않은지도 대비해야 하죠.

셋째, 한 가지 정보만 맹신하지 말고, '다양한 관점'을 탐색해야 합니다. 어떤 주장이나 영상, 기사를 보고 그 정보가 자기 신념에 딱 들어맞는다고 해서 '이게 정답이다', '이게 최고다'라고 빠져들기보다는 같은 주제, 같은 쟁점에 대해서 다루고 있는 다른 출처의 자료나 입장을 찾아봐야 합니다. 그 가운데 어떤 것이 더 합리적이고 객관적인지 판단하고, 이전에 읽은 것과 연결해서 진실을 찾아보는 습관이 중요해요.

그리고 넷째, 가장 중요하다고 생각하는 부분인데요. 바로 '반드시 다시 읽고 다시 보라'입니다. 많은 사람이 어떤 정보를 한 번 보고 직관적으로 단정해버리곤 해요. 그런데 우리가 한 번 읽고 한 번 본다고 해서 모든 것을 정확하게 볼 수 있는 건 아니거든요. 기사를 한 번 더 읽고, 영상을 다시 보면 처음에는 보이지 않던 부분이 보이고, 처음엔 몰랐던 맥락이 이해되는 경험을 하게 됩니다.

이 네 가지 원칙은 단순하지만, 실천하려면 의식적인 노력이 필요합니다. 문해력은 단기간에 얻어지는 능력이 아니라,

반복과 성찰을 통해 천천히 길러지는 힘이기 때문입니다.

> 지금까지 말씀해주신 내용을 한마디로 요약하자면, 결국은 '자기 확신을 경계하자' 정도로 정리할 수 있을 것 같습니다.
> 그렇다면, 우리가 문해력을 어떻게 바라봐야 한국 사회가 '리부트'할 수 있을까요? 그게 가능할까요?

문해력, 즉 리터러시의 관점에서 말씀을 드려보자면, 우리가 문해력을 바라보는 방식 자체가 '리부트'되어야 한다고 생각합니다.

지금까지는 글을 이해하고, 정보를 취하고, 미디어를 보는 이런 행위를 '정보 습득'이나 '정보 처리'를 중심으로 접근하는 경우가 많았습니다. 세상에 대한 정답, 공부의 정답, 시험 문제의 정답만 찾으면 된다는 식의 태도죠. 그런 방식으로는 문해력이 삶의 도구가 되기 어렵습니다.

글을 단지 처리하거나 암기하는 것이 아니라 나와 연결시키고, 세상의 맥락 안에서 이해하고, 그렇게 알게 된 것들을 실천해보고, 다른 사람과 대화를 나눠보는 것. 말하자면, 문해력이 머리에만 머무는 것이 아니라 몸에 배도록 만드는 과정, 그것이 중요하다는 거예요.

사실 우리는 학교에서 12년 동안 민주시민이 되는 법, 과학자가 되는 법, 수학 잘하는 법을 배우지만 졸업하고 나면 대부분 기억하지 못합니다. 역사·사회·문학·지리·수학 같은 것을 교실에 앉아서 머리로만 배웠기 때문이에요. 이런 지식이 삶과 연결되지 않으면, 몸으로 실천하지 않으면 금세 잊히고 맙니다.

그래서 저는 앞으로 우리 사회가 정보 중심에서 '실천 중심'으로 전환되어야 한다고 생각해요. 진정한 문해력이란 직접 읽고 쓰면서 기꺼이 타인과 소통하고 협력하는 힘이고, 그래서 '사회적 실천력'이라고도 말할 수 있습니다. 이렇게 몸과 마음으로 옮길 때 더 명랑한 소통이 이루어지고, 더 품위 있게 협력하는 사회가 될 수 있지 않을까 합니다. ●

교육 #2

서울대가 10개면 교육 불평등은 사라질까?

▶ ▶ ▶

김현철

의사이자 경제학자. 사회실험, 사연실험, 빅데이터를 통해 보건·교육·노동·노후 빛 복지 정책을 연구한다. 연세대학교 의과대학 교수이며, 동 대학 인구와 인재연구원장으로 일하고 있다. 홍콩과학기술대학교 경제학과·정책학과 교수이기도 하다. 연세대학교 의과대학 졸업 후 의사로 활동하다가 연세대학교 경제학부 및 서울대학교 보건대학원에서 석사학위를, 미국 컬럼비아대학교에서 경제학 박사학위를 받았다. 이후 코넬대학교 정책학과 교수로 재직했다. 대한민국뿐 아니라 말라위, 에티오피아, 가나, 인도, 필리핀, 부탄, 홍콩 등지를 누비며 다양한 정책을 분석했다. 대표 저서로《경제학이 필요한 순간》이 있다.

"처음에 좋은 대학을 가는 것이
자기 인생의 너무 많은 부분을 결정한다면,
지금처럼 모두가
좋은 대학에 목을 매게 됩니다.

하지만 만약 재기의 기회가 열려 있는 사회,
나중에라도 얼마든지
역전을 노릴 수 있는 구조라면,
이처럼 치열한 경쟁은 완화될 수 있습니다."

REBOOT

'서울대 10개 만들기'로 대학 서열을 해체할 수 있을까? 지방 거점 국립대에 재정을 투입하면 서울대와 경쟁할 수 있을까? 김현철 교수는 단순한 예산 투입만으로는 대학의 연구력과 인재 유치가 불가능하다고 지적한다. 핵심은 노동시장에 있다. 문제는 좋은 대학에 들어가는 것이 곧 인생을 좌우하는 사회 구조이고, 이는 교육만으로 해결될 수 없다. 직업 안정성, 임금 격차, 재기의 기회가 보장되는 사회가 되어야만 교육 경쟁도 완화될 수 있다. 결국 묻게 된다. 지금 우리가 고쳐야 할 것은 대학인가, 아니면 그 대학을 지나 살아가야 할 사회인가?

리부트 대한민국

REBOOT

지금 한국 대학은 조용히 고사하고 있다

의사 출신 경제학자라는 이력이 매우 인상적입니다. 의료인이자 경제학자로서 두 영역을 넘나들게 된 계기가 무엇인가요? 또 경제학자로서 특히 교육 문제에 관심을 갖게 된 이유는 무엇인지 궁금합니다.

의과대학 졸업반 시절, 강남 세브란스병원 유방암 클리닉에서 실습을 했었어요. 그때 환자들이 명확히 두 부류로 나뉜다는 것을 알게 되었습니다. 강남에 거주하는 사람들은 병을 조기에 발견하고 치료를 받으러 오는 반면, 타 지역에서 전원되어 오는 환자들은 대부분 말기 상태에서야 도착하곤 했죠. 당시에는 그 차이가 너무도 뚜렷하게 느껴졌고, 개인적으로도 큰 충격이었습니다.

나중에 경제학을 공부하면서 알게 된 사실은, 이런 현상이 '건강 불평등'이라는 이름으로 이미 널리 알려진 구조적 문제라는 거였죠. 저는 이 격차가 너무 마음에 걸렸고, 도대체 어떻게 해야 이런 문제들을 해결할 수 있을지 고민하기 시작했습니다. 그 해답을 찾기 위해 여러 학문을 들여다보다 보니, 결국 모든 게 '경제학'으로 귀결되더라고요. 그렇게 시작한 경제학 공부가 지금까지 이어져왔고, 의료와 경제를 함께 아우르는 연구를 하고 있습니다. 저처럼 의사이자 경제학자인 사람은 전 세계적으로 20~30명 정도 됩니다.

교육에 관심을 갖게 된 계기는 미국에서 박사과정을 마친 후 코넬대 교수로 재직하면서였습니다. 그곳에는 출신 국가도 다양하고 성장한 문화적 배경도 다른 많은 학생이 있었죠. 그런데 유독 눈에 띄었던 것은 한국과 중국, 일본에서 온 학생들이 다른 나라 학생들에 비해 위축되어 있고, 말도 잘하지 못한다는 점이었어요. 그런데 시험 성적은 기이할 정도로 좋았습니다. 그 모습을 보고 '도대체 이건 무슨 일일까'라는 의문에서 출발해 교육이라는 분야에 관심을 갖게 되었어요.

그 이후로 교육 문제에 본격적으로 매달리게 되었고, 현재 제가 쓰는 논문 중 약 3분의 1 정도는 교육 관련 주제를 다루고 있을 만큼 이 분야는 제 연구의 중요한 축입니다.

이제 본격적으로 대학 교육에 대해 이야기해보죠. 경제학자의 시각에서 바라봤을 때, 지금 대한민국 대학 교육의 현실은 어떤 상태에 놓여 있다고 판단하시는지요?

우리나라 대학 교육의 현실은 내부적인 요인과 외부적인 요인으로 서서히 '고사'되고 있다고 정의할 수 있을 것 같습니다. 원인은 매우 다양하지만, 외부 요인 중 가장 심각한 것은 교육부의 과도한 통제예요. 대학의 자율성이 과도하게 훼손되어 있는데, 이는 미국이나 유럽 등 선진국과 비교해보면 더욱 두드러집니다. 대표적인 사례가 등록금이에요. 우리나라 대학은 등록금 의존도가 높은 구조인데, 무려 16년간 등록금이 동결된 상황입니다. 그렇다면 그만큼 정부의 재정 지원이 뒤따라야 하는데, 실상은 그렇지 않았어요. 등록금을 올릴 수도 없고, 지원은 충분치 않으니 대학이 스스로 생존하기 어려운 구조가 된 거죠.

그렇다면 대학 내부에서라도 창의적이고 혁신적인 변화, 혹은 그게 안 된다면 따로 재정을 마련해서 돌파구를 마련해야 했지만, 안타깝게도 그 지점에도 미흡했습니다. 어떤 방식으로든 근본적인 개혁이 필요한데 대학은 여전히 변화를 따라가지 못하고 있어요.

현재 우리 사회에서 호봉제가 유지되는 조직은 공무원 조직, 공공기관, 그리고 대학뿐입니다. 아무리 탁월한 실력을 가진 교수라고 해도 받을 수 있는 보수는 똑같은 게 현실이에요. 이처럼 제도적 제약과 내부 변화의 지체가 맞물리면서 지금 우리 대학은 조용히 그러나 분명하게 고사하는 상황입니다.

사다리는 남아 있으나, 오르는 문은 좁아졌다

지금까지는 교육이 계층 이동의 사다리라는 말을 해왔잖아요. 위 세대에게는 실제로 교육을 통해 신분 상승이 가능했던 시대였기도 하고요.
지금도 그 역할이 유효하다고 보시는지요? 현재의 한국 사회에서도 교육이 계층 이동의 실질적인 통로가 되고 있습니까?

교육은 여전히 계층 이동의 사다리 중 가장 중요한 수단이긴 합니다. 그러나 동시에 그 사다리에 올라탈 수 있는 기회는 과거에 비해 확연히 줄어들었다는 점 역시 분명한 사실이에요. 이와 같은 현실은 여러 통계 자료를 통해서도 확인되고 있습니다.

지금은 오히려 기득권을 가진 사람들이 더 많은 자원을 교육에 투입할 수 있는 구조이고, 그렇게 되면 결국 엘리트가 엘리트를 낳는 '확대 재생산'의 구조가 고착화되는 방향으로 사회가 움직일 수밖에 없어요.

부의 대물림뿐 아니라 학력의 대물림이 심각해진 이 상황, 바로 이런 교육 현실을 개혁하기 위해서 이재명 대통령은 대선 당시 '서울대 10개 만들기' 공약을 내세웠습니다. 현재 교육계의 가장 큰 화두가 아닐까 싶은데요.
부산대, 전남대, 전북대, 강원대 등 지방 거점 국립대를 서울대 수준으로 육성하겠다는 구상인데, 교수님께서는 이 정책의 방향에 대해 어떻게 평가하시나요?

현재까지 논의된 정부의 계획은, 지방에 있는 9개 거점 국립대학에 서울대 수준의 재정 투자를 하겠다는 데까지입니다. 아직 재원 마련 방안이 명확히 제시된 것은 아니지만, 상징적인 목표를 설정한 것으로 이해가 돼요.

  이러한 구상의 배경에는 두 가지 중요한 문제의식이 자리하고 있다고 봅니다. 첫째는 지방이 인구 감소와 경제 침체로 점차 고사되고 있는 상황에서, 지방을 살려야 한다는 절박함이에요. 둘째는 우리나라 대학 구조가 서울대를 정점으로 지나치게 서열화되어 있다는 인식, 그 서울대 1극 체제가 입시 과열의 주요 원인이라는 문제의식입니다. 즉 서열 탈피와 서울대 1극 체제 해소라는 두 가지 목표가 동시에 작동하고 있는 거죠.

  이러한 대의명제에 반대할 사람은 많지 않을 겁니다. 지방도 살아야 하고, 교육도 경쟁 구조 속에서 선순환을 이루어야 하니까요. 실제로 우리나라는 서울대가 경쟁 상대 없이 독점적인 지위를 갖고 있기 때문에 서울대와 실질적으로 경쟁하는 대학이 만들어지지 않고 있습니다. 그런 면에서 지방대에 활력을 불어넣고, 선순환의 경쟁 체제를 만들겠다는 방향성 자체는 충분히 공감할 수 있죠.

다만, 지금 정부가 제시한 방식으로 실제 그 목표를 달성할 수 있을 것인가에 대해서는 많은 사람이 의문을 갖고 있습니다. 재정 투입만으로 서울대급 대학을 만들어낼 수 있을지, 그 성과가 과연 현실화될 수 있을지에 대해서는 여전히 물음표예요.

'서울대 10개 만들기', 현실과 환상의 간극

지방 거점 국립대에 서울대만큼 재정을 투자한다고 해도 그 자체로는 목표 달성이 어렵다는 말씀이신데요. 그렇다면 현재 추진 중인 '서울대 10개 만들기' 구상은 수단과 현실 사이의 괴리가 큰 정책인 겁니까? 그렇게 보시는 이유는 무엇인지요.

돈만 투자해서는 절대 안 된다는 겁니다. 매우 자명한 사실인 게, '서울대 10개 만들기'가 단순히 서울대처럼 강의 잘하는 대학을 의미하는 것이 아니라, 서울대 수준의 연구력을 갖춘 연구 중심 대학 10개를 만들자는 것이기 때문이에요.

그런데 연구는 결국 사람이 하는 일이고, '교수'라는 인재가 핵심이잖습니까. 물론 돈도 중요하지만, 사람과 돈이 함께 가야 의미가 있어요. 지금 정부는 돈을 주겠다고는 했지만, 정작 서울대 교수만큼 역량 있는 인재를 어떻게 끌어올 것인지에 대한 구체적인 방안은 전혀 제시하지 않았습니다.

이 부분이야말로 가장 핵심적인 과제라고 생각합니다. 예를 들어 연봉을 2~3배 수준으로 책정할 수 있는 여건이 마련되어야 하는데, 과연 그것이 가능할까요? 현실적으로 국립대 교수들의 연봉을 모두 2~3배로 올리는 것이 가능할지, 그것도 특정 지방 거점 국립대에만 그렇게 하는 것이 과연 설득력을 가질 수 있을지 의문입니다.

지방대가 서열화 구조에서 밀려나면서 유능한 교수들이 서울권 사립대로 빠져나간 결과, 현재 지방 국립대에 적을 둔 교수님 중에는 연구력이 상대적으로 낮은 분들도 적지 않습니다. 물론 훌륭한 분들도 있지만, 전반적으로 연구 역량이 약화된 상태에서 단순히 돈만 준다고 해서 경쟁력을 확보하기는 어려워요.

결국 외부에서 정말 뛰어난 인재를 모셔와야 하는데, 그러려면 소위 '교수 패키지', 즉 연봉, 연구비, 정주 여건 등 모든 조건이 갖춰져야 합니다. 그런데 이 모든 것을 각 대학에 일괄

적용하기는 현실적으로 쉽지 않아요.

그래서 저는 다음과 같은 방식이 거의 유일하게 가능하다고 봐요. 기존 지방 국립대 전체를 개혁의 대상으로 삼는 것이 아니라 2~3개 정도의 대학을 선별해서 그 안에 기존 체제와 완전히 분리된 특정 단과대학을 새로 설립하는 거죠. 이 단과대학에 독립적인 운영 시스템을 도입하고, 기존 교수가 아닌 새로운 사람들을 모셔와서 운영하는 방식이라면, 일부 실현 가능성이 있다고 생각합니다.

'서울대급' 만들려면, 서울대와 달라야 한다

최근 몇몇 서울대 스타급 교수가 교수님께서 재직 중이신 홍콩과학기술대로도 스카우트되었다는 보도가 있었습니다. 높은 연봉은 물론 연구비, 주거비, 자녀 교육비까지 제시했다더군요.
서울대조차 교수들의 해외 이탈을 막기 어려운 이 상황에서 지방대가 경쟁력을 확보하려면 어떤 필수 조건들이 따라야 할까요?

그러니까 이제 우리도 연봉을 그만큼 줄 수 있어야 된다고 저는 생각하고요. 이게 불가능한 건 아닙니다. 제가 늘 예로 드는 사례 중 하나가 중국 베이징대예요. 1990년대 초반, 베이징대가 문호를 열던 시기에는 경제학과가 마르크스 경제학을 가르치기만 하고, 연구는 거의 하지 않는 조직이었어요. 그런데 가만히 보니, 이런 식으로는 안 되겠다는 판단을 했던 거죠. 좋은 사람 한두 명 뽑아와서 될 일이 아니라고 본 겁니다. 그래서 아예 기존 학과는 그대로 두고, '국가발전연구원National School of Development'이라고 불리는 조직을 완전히 별도의 독립 대학 형태로 만들었어요.

연봉은 기존의 2배에서 3배 수준으로 책정했고, 대신 성과 평가는 훨씬 더 엄격하게 했어요. 흥미로운 건, 해외에서 활동하던 외국 국적의 학자들을 데려온 게 아니라 해외에서 근무하던 중국 국적의 학자들을 본토로 유치했다는 점입니다. 그렇게 해서 만들어진 이 국가발전연구원은 기존 경제학과와는 완전히 별개의 조직이었고, 그렇게 별도 체계로 운영된 결과 지금은 세계적으로 인정받는 학교가 됐어요.

실제로 이 학교를 졸업한 학생들이 외국 대학의 교수로 임용되는 사례도 많습니다. 한번 생각해보세요. 우리나라 서울대나 연세대 경제학과에서 박사학위를 받아서 미국이나 영국 대학의 교수가 되는 경우가 얼마나 있습니까? 그런 일이 거의 일어나지 않죠. 그런데 지금 중국 본토에서는 그런 일이 가능해졌다는 것, 그 자체가 굉장히 중요한 포인트라고 생각합니다.

그리고 이런 방식은 베이징대에서만 이루어진 것도 아닙니다. 칭화대도 마찬가지로 교차정보연구원IIIS 같은 독립 단과대학을 설립하면서, 스타급 교수들을 모셔오고, 이들을 중심으로 운영하는 별도 시스템을 구축한 경험이 있습니다.

결국 포인트는 기존 체제를 일부 손보는 수준이 아니라, 아예 별도 시스템을 만들어 사람과 돈을 집중적으로 투입하는 전략이 필요하다는 겁니다.

중국은 정치 체제상 국가가 방향을 정하면 강력하게 밀어붙일 수 있는 구조지만, 우리나라는 그런 방식으로 추진하기엔 제약이 많잖아요.
결국 핵심은 재정 문제로 귀결될 텐데, 이 정도 규모의 투자가 필요한 사업을 국가가 실제로 감당할 수 있을까요?

재원 문제는 사실 해결할 수 있다고 봅니다. 지금 '서울대 10개 만들기'에 거론되는 금액이 연간 약 3조 원 수준인데, 우리나라 전체 예산 규모가 600조 원에서 700조 원 사이를 오가는 상황을 감안하면, 3조 원이 절대적으로 큰 비중은 아닙니다.

물론 우리나라 예산의 대부분이 이미 꼬리표가 달린, 용처가 정해진 예산이기 때문에 3조 원이라는 돈이 결코 쉬운 금액은 아닌 건 맞아요. 하지만 그렇다 하더라도, 대통령의 강한 의지가 있다면 3조 원 정도는 충분히 마련할 수 있는 범위 내에 있다고 생각합니다. 우선순위와 정치적 결단의 문제인 거죠.

서울대 1극 체제를 넘어서려면?

재원을 확보해서 지방 국립대 안에 사회과학대학, 경제학과 같은 단과대학을 별도로 설립하고, 해외 우수 교수들을 파격적인 조건으로 초빙해 새로운 연구 중심 대학을 만든다고 가정해보죠.
그다음 과제는 서울에 있는 우수한 학생들이 실제로 그곳으로 내려가야만 이 시스템이 제대로 작동할 텐데요. 현실적으로 서울권 상위권 학생들이 지방으로 이동할 유인이 있나요?

결국 중요한 건 '대학원생'들이 와야 한다는 점입니다. 학부생도 물론 중요하지만, 지금 논의하는 연구 중심 대학 모델에서는 대학원생이 훨씬 더 핵심적인 역할을 하게 됩니다. 그런데 현실적으로 우수한 학생들이 서울에서 지방으로 이동하는 건 그렇게 쉽진 않을 겁니다.
그래서 저는 지방 거점 국립대에 그런 식의 단과대학이

하나둘 생긴다고 해도 그게 곧 서울대를 대체할 수 있는 수준으로 성장하리라는 기대는 버려야 한다고 봐요. 그건 어렵고, 사실상 불가능한 일입니다.

다만 그렇다고 해서 지금의 서울대 1극 체제를 그대로 둬야 하느냐 하면, 그것도 아니라고 봅니다. 예를 들어 홍콩의 경우, 제가 재직 중인 홍콩과학기술대와 홍콩대는 똑같아요. 그 사이에 어떤 서열이나 계급이 존재하지는 않습니다. 학과별로 강점이 다를 뿐이지, 대학 간 우열이 있지는 않아요.

중국도 마찬가지입니다. 베이징대, 칭화대, 저장대 등 최상위 대학이 여러 개 공존하고 있고, 서로 경쟁하는 구조가 형성되어 있습니다. 우리나라도 서울대 중심 체제를 극복하려면, 그 아래에 있는 연세대, 고려대, 포항공대, 카이스트 같은 대학들이 서울대와 거의 같은 수준에서 경쟁할 수 있도록 만들어야 해요.

'같은 수준'에 도달했다는 걸 어떻게 알 수 있느냐 하면, 교수 이동에서 드러납니다. 지금은 연세대에서 서울대로 옮기는 경우는 있어도, 서울대에서 연세대로 옮기는 사례는 많지 않아요. 이 양방향의 이동이 비슷한 비율로 일어날 때, 진짜로 대학 간 경쟁력이 평준화되었다고 볼 수 있는 겁니다.

그런 점에서 저는 이번 '서울대 10개 만들기' 정책이 매우 아쉽다고 생각하는데요. 이 중요한 논의에서 우리나라 고등교육의 큰 축을 담당하고 있는 사립대들이 완전히 배제되어 있다는 점이 굉장히 유감스러운 겁니다.

국립과 사립의 경계를 허문
코넬대의 전략

이번 정책은 국가 예산이 투입되다 보니 국립대를 중심으로 추진될 수밖에 없고, 그러다 보니 상대적으로 서울의 사립대는 물론, 지방의 유력 사립대들이 역차별을 받는 게 아니냐는 얘기도 나오고 있습니다.

맞습니다. 그래서 이 문제를 푸는 방향에 대해 제가 제안하고 싶은 모델이 하나 있어요. 바로 미국의 코넬대를 벤치마킹하자는 겁니다. 코넬대는 아이비리그에 속한 명문인데, 이곳은 사립대일까요, 아님 국립대일까요? 흥미롭게도 전체 16개 단과대학 중 12개는 사립이고 4개는 국립입니다.

무슨 얘기냐면, 뉴욕 주정부가 자금을 투입해 만든 단과대학들이 코넬대 안에 함께 존재한다는 의미입니다. 실제로 저 또한 코넬대 내에서 주립대 소속 단과대학에 재직했었어요. 캠퍼스는 하나지만 건물의 소유권은 뉴욕 주정부에 있고, 학장 임명도 주지사 산하의 뉴욕주립대 시스템The State University of New York, SUNY의 승인을 받아야 합니다.

저는 이 모델을 연세대, 고려대 등 서울의 주요 사립대에 적용해보자는 생각을 하고 있습니다. 이 대학들 안에 국립대 영역을 새로 만들어서, 거기에 정부 재정을 집중적으로 투입하자는 거죠. 예를 들어 전체의 3분의 1 정도를 국립으로 구성하되, 대학의 자율성은 최대한 보장하면서도 서울대와 실질적으로 경쟁할 수 있는 복수의 상위 거점 대학 체계를 형성하자는 제안입니다.

실제로 저는 이 아이디어를 연세대 총장님께도 제안했고, 긍정적인 반응을 받았습니다. 왜냐하면 지금까지 사립대는 정부 재정 지원에서 구조적으로 배제되어온 측면이 컸기 때문이죠. 여기서 중요한 건, 정부가 돈을 투입한다고 해서 대학의 자율성을 과도하게 제한해서는 안 된다는 거예요. 재정은 지원하되, 운영의 자율성은 유지시켜줘야 합니다.

대학 하나로는 지방을 살릴 수 없다

지방대를 서울대 수준으로 끌어올리고, 이를 통해 인재를 유치하면 결국 인구도 늘고, 일자리도 생기고, 지방이 살아나리라고 기대하는 목소리도 많습니다.
교수님께서는 '대학을 살리면 지방도 살아난다'는 의견은 어떻게 보시나요?

그게 될까요? 한번 냉정하게 생각해봐야 해요. 우리나라가 이미 많은 공공기관을 지방으로 이전했지만, 그 결과는 지역에 따라 매우 달랐습니다. 이전 정책이 비교적 성공한 사례는 대체로 대도시 인근 지역이었어요. 그나마 민간 부문이 함께 들어서고, 인프라가 갖춰져 있는 곳들이었죠. 좋은 대학이 함께 있었던 경우도 예외가 아니었습니다. 반대로 아무 기반도 없는 허허벌판에다가 공공기관만 이전한 지역들은 정주 인구가 거의 늘지 않았고, 실제로 많은 사람이 여전히 출퇴근만 하는 식으로 생활하고 있단 말입니다.

제가 직접 경험한 예로, 15년 전 군 복무를 했던 천안·아산 탕정 지역을 들 수 있습니다. 당시 아산 인구가 10만 명 남짓이었는데, 지금 가보니 25만 명이 넘었습니다. 왜 늘었느냐? 삼성디스플레이 같은 민간 대기업이 들어갔기 때문입니다. 이처럼 지방을 살리는 데는 대학 하나만으로는 역부족이고, 반드시 민간 산업이 함께 들어가야 합니다. 그런데 지방 거점 국립대 9곳 모두에 이 같은 구조를 만들 수 있느냐고 묻는다면, 저는 솔직히 불가능하다고 봐요.

그러니 전략적으로 2~3곳만 정해서, 그 지역에 대학과 민간 부문을 함께 집중 유치하는 방식으로 접근해야 합니다. 지방 전체를 동시에 살릴 수는 없지만, 핵심 거점을 중심으로 선순환을 설계하는 방식은 현실적으로 가능한 대안이라고 봐요. 그리고 동시에 서울권의 주요 사립대 중에서도 2~3곳을 선택해 집중 투자함으로써, 서울대 1극 체제를 깨는 방향도 병행하는 그런 형태로 가야 된다고 생각합니다.

'한국1대학, 한국2대학'으로 서열이 없어질까?

교육 개혁 논의에서 빠지지 않고 등장하는 주제 중 하나가 대학 서열화 문제잖아요. 프랑스 사례가 주로 언급되는데, 소르본은 외국인이 아는 이름일 뿐, 정작 파리 현지에서는 파리1대학, 파리2대학처럼 서열이 없는 구조로 운영된다고들 하죠.
'서울대 10개 만들기' 구상 속에는 '한국1대학, 한국2대학'처럼 이름을 바꾸면 서열화가 완화되지 않겠느냐는 발상이 담겨 있는데요. 이 같은 방식이 실제로 대학 서열 해체에 효과가 있을까요?

이름을 바꾼다고 대학 서열화가 해소된다면, 그건 너무 쉬운 일 아닐까요? 그런 방식이 실제로 잘 작동할 수 있을지는 솔직히 의문입니다. 개인적으로는 대학의 완전한 평준화보다는, 극단적인 서열화는 피하되 어느 정도의 구조적 구분은 필요하다고 봐요. 어느 정도 상위권 대학과 그보다 아래에 있는 대학이 대략 그룹 지어 있고, 각 대학이 '더 나은 대학으로 올라가고 싶다'는 동기를 가지고 자기 발전을 추구하는 구조, 건전한 경쟁이 작동하는 시스템, 그것이 이상적인 대학 생태계라고 생각합니다.

프랑스처럼 대학 간 서열을 완전히 없애버리면 어떤 문제가 생기냐면, 혁신을 일으킬 수 있는 '인재 집적 효과'가 사라질 수 있습니다. 프랑스에도 좋은 대학은 분명 있지만, 우리 사회가 앞으로 생존하고 번영하려면 엄청난 수준의 혁신이 필요한데, 그게 모든 대학에서 동시에 일어나긴 어렵습니다. 실제로 혁신은 뛰어난 인재들이 일정 정도 한데 모인 환경에서 더 자주 발생합니다. 그런 점에서 프랑스의 대학 구조는 혁신 창출이라는 측면에서는 불리한 조건이에요.

세계 상위 100개 대학을 보면, 프랑스는 오히려 우리나라보다도 적게 포함되어 있고 미국, 영국 등 북미권과 영국식 대학 시스템을 가진 나라의 대학들이 대부분을 차지하고 있는 것도 이런 맥락과 맞닿아 있습니다.

그리고 한번 생각해보죠. 코로나19 백신을 개발한 나라들이 어디였는가. 미국과 영국이었습니다. 우리나라는 하지 못했고, 프랑스도 못 했습니다. 오히려 중국이 백신을 개발했죠. 저는 이런 차이가 결국 혁신을 가능케 하는 대학 시스템의 구조에서 비롯된다고 봅니다.

그런 점에서 우리나라가 과연 프랑스 모델을 따라가는 것이 바람직한가에 대해선 좋은 생각이 아니라고 봐요.

의대 쏠림 현상은 교육 문제가 아니다

전 세계적으로 비슷하겠지만, 특히 우리나라 학부모들은 자녀를 좋은 대학에 보내고자 하는 열망이 매우 강합니다. 이러한 '교육열'이 과거에는 전쟁의 잿더미에서 한국을 만든, 경제성장의 원동력이 되었다는 긍정적인 평가도 있지만, 한편으로는 오늘날 입시 경쟁이 지나치게 과열됐다는 지적도 끊이지 않는데요.
한국의 과도한 입시 경쟁 문제, 교수님께서는 어떤 실질적인 해법이 가능하다고 보십니까?

한국 교육 문제는 교육제도만 손본다고 해결되지 않는다는 사실을 우리는 역사적인 경험으로 직감하고 있습니다. 입시제도를 몇 번 개편한다고 해서 문제가 본질적으로 바뀌지 않는다는 것을 다들 알고 있잖아요. 그렇다면 이 과열된 경쟁의 근본 원인은 어디에 있을까, 저는 그 핵심이 노동시장의 양극화와 구조적 격차에 있다고 생각합니다.

왜 이렇게 의대 쏠림 현상이 심할까요? 우리 사회에서 의사는 거의 독보적인 직업으로 인식되기 때문입니다. 가령 1등 직업이 의사고, 2등 직업을 IT 기업 종사자라고 가정해보죠. 두 직종 사이는 연봉 차이도 상당히 크지만, 직업 안정성에서는 비교가 안 됩니다. 의사는 평생 직업이 가능한 반면, IT 기업은 젊었을 때 고연봉을 받다가도 일찍 퇴출될 가능성이 크거든요. 그러니 사람들은 당연히 의대를 선호하게 됩니다.

결국 문제는 우리 사회가 얼마나 완만한 임금 곡선을 갖고 있느냐, 즉 직업 간 격차가 얼마나 균형 잡혀 있느냐에 달려 있다고 봅니다. 임금이 어느 정도 평등하게 분포된 사회라면 입시 경쟁이 지금처럼 과열되지는 않을 겁니다. 하지만 소수 직종에 보상이 집중되고, 그 진입 관문이 '좋은 대학' 하나로 좁혀져 있는 사회에서는, 당연히 입시에 모든 것을 걸 수밖에 없습니다.

처음에 좋은 대학을 가는 것이 자기 인생의 너무 많은 부분을 결정한다면, 지금처럼 모두가 좋은 대학에 목을 매게 됩니다. 하지만 만약 재기의 기회가 열려 있는 사회, 나중에라도 얼마든지 역전을 노릴 수 있는 구조라면, 이처럼 치열한 경쟁은 완화될 수 있습니다.

제가 코넬대 교수로 재직했을 때 보니까 그곳 교수 중 약 4분의 1은 이름도 생소한 대학 출신이었어요. 즉 뒤늦게 공부를 시작하더라도 좋은 대학원에 들어가 연구에서 뛰어난 성과를 내면, 결국 아이비리그 교수 자리까지 오를 수 있는 거예요. 이런 구조가 가능한 이유는 미국 사회가 초기 학벌보다 대학원과 연구 실적을 더 중시하고, 인생의 궤적을 바꿀 수 있는 통로가 열려 있기 때문입니다.

그런데 한국 사회는 한번 좋은 대학에 들어가면 좋은 기업에 취업하고, 거기서 정년까지 비교적 안정적으로 일하면서 살아가는 구조가 너무 강하게 고착화되어 있습니다. 결국 문제는 교육 그 자체가 아니라, 그 교육이 향하는 노동시장 구조에 더 근본적인 원인이 있는 건 아닐까 생각합니다.

정규직보다 중요한 건
해고 이후의 안정성

한국의 교육 문제는 한국 사회 전반의 문제로 접근해야 하고, 승자독식사회가 유지되는 한 과열된 입시 경쟁 문제는 해결이 쉽지 않다는 말씀에 많은 사람이 공감할 것 같아요.

그런데 노동시장이 구체적으로 어떻게 바뀌어야 이게 가능할지는 좀 상상하기 어려운데요. 최상위 계층과 하위 계층 간의 임금 격차 문제, 어떻게 풀어야 합니까?

결국 우리가 나아가야 할 방향은 보다 평등한 사회 구조를 만드는 것인데요. 지금 의사가 우리 사회에서 니무 독보적인 위치를 차지하게 된 데는 두 가지 이유가 있습니다. 하나는 의사들이 실제로 잘해서 그렇게 된 것이고, 또 하나는 제도의 실패 때문입니다. 대표적인 예가 실손보험 같은 제도죠. 실손보험 같은 제도가 환자 대신 돈을 내주다 보니, 의사도 환자도 과잉진료 쪽으로 유도되고, 자연스럽게 의사의 수입도 많아졌던 거죠. 이런 부분들은 반드시 개혁할 필요가 있습니다.

또 하나 중요한 건, 산업 정책을 잘 설계해서 소위 2등, 3등 직종들도 함께 끌어올려야 한다는 점입니다. 지금 중소기업과 대기업 간 임금 격차가 기술 혁신 수준의 차이, 즉 이노베이션 격차로 인해 크게 벌어져 있는데, 이 격차도 점차 완화되어야 해요.

더하여 조금 파격적으로 들릴 수 있겠지만, 저는 '모두가 정규직인 사회'보다 '모두가 비정규직인 사회'가 오히려 더 낫다고 생각합니다. 물론 여기서 말하는 비정규직은 우리가 흔히 말하는 '불안정 노동'을 뜻하는 게 아닙니다. 어느 정도 해고가 자유로우면서도, 해고된 이후에도 삶에서 충분히 안정성을 도모할 수 있는 구조를 말합니다.

이걸 '유연안정성flexicurity'이라고 부르는데요. 얼마 전 이재명 대통령도 덴마크 모델을 언급하셨던데, 우리는 흔히 덴마크를 복지국가라고 생각하지만, 덴마크는 해고가 비교적 자유로운 나라입니다. 그런데도 사람들이 불안해하지 않는 이유는 해고된 이후에도 생계가 충분히 유지되기 때문이죠. 복지와 고용 정책이 그만큼 잘 설계돼 있다는 뜻입니다.

이런 방향으로 우리 사회도 가야 한다고 봐요. 예를 들어, 서울대나 연세대를 나와서 좋은 직장에 먼저 들어갔다고 해도

"한국 사회는 한번 좋은 대학에 들어가면
좋은 기업에 취업하고,
거기서 정년까지 비교적 안정적으로 일하면서
살아가는 구조가 너무 강하게
고착화되어 있습니다.

결국 문제는 교육 그 자체가 아니라,
그 교육이 향하는 노동시장 구조에
더 근본적인 원인이 있는 건 아닐까 생각합니다."

거기서 성과가 부족하다면 물러나고, 덜 알려진 대학 출신이라도 일 잘하는 사람에게 기회를 주는 겁니다. 이것이야말로 진정한 경쟁이고 기회의 평등이에요.

즉 해고는 좀 더 자유롭게 하되, 해고된 이후의 삶을 훨씬 더 안정적으로 유지할 수 있는 사회, 그것이야말로 우리 사회가 지향해야 할 노동시장 구조의 핵심 방향성이라고 봅니다.

사교육을 줄이려면, 노동시장을 바꿔라

> 다시 노동시장에서 교육 이야기로 넘어가보죠. 현실적으로 사교육비 부담을 줄일 수 있는 해법이란 게 있을까요? 절감이란 게 가능합니까?

사교육비 절감의 근본적인 해법도 결국 노동시장 개편에 달려 있습니다. 이 점은 아까도 말씀드렸듯이 매우 중요하고, 가장 본질적인 지점이에요. 그런데 최근에는 보다 더 직접적인 정책 제안도 등장하고 있습니다. 얼마 전 대한민국의 사교육 현실을 다룬 연구가 경제학 최고 저널 중 하나에 실렸어요. 내용은 좀 씁쓸합니다. 논문은 '왜 한국에서 아이를 낳지 않는가'라는 주제를 다루면서, 사교육비가 차지하는 부담이 30~40%에 달한다는 사실을 주요 원인 중 하나로 지목했습니다.

〈교육에서의 지위 외부효과와 한국의 저출산Status Externalities in Education and Low Birth Rates in Korea〉이라는 이 논문에서 공동 저자인 세종대 김성은 교수와 미국 버지니아커먼웰스대 염민철 교수가 하나의 대안을 제안했습니다. 바로 사교육비에 세금을 부과하자는 건데요. 단순한 부가세 수준이 아니라 22% 정도의 높은 세율을 적용하자는 제안입니다. 사교육에 투자하는 가구는 상대적으로 소득 수준이 높은 계층일 가능성이 크기 때문에, 이런 가격 메커니즘을 통해서 사교육 수요 자체를 억제하고, 그 세수로 출산 장려 재원을 마련하자는 제안이죠.

물론 중산층 입장에서는 큰 부담으로 느껴질 수 있고, 반발도 있을 겁니다. 하지만 저는 고려해볼 만한 가치가 있는 제안이라고 생각하는 게요. 사교육 문제는 너무 오래된 과제이기 때문에 이런 급진적인 접근이 단독으로 실행되긴 어렵겠지만, 결국 저출산 문제와도 맞닿아 있는 만큼, 새로운 재원 마련의 방편으로 충분히 검토할 수 있다고 봅니다.

그리고 무엇보다 중요한 건, 이 논문이 미국 경제학계 최고 저널인 《아메리칸 이코노믹 리뷰American Economic Review》에 실렸다는 사실입니다. 그 말은 이 제안이 비현실적인 공상이라기보다는, 국제적 학술 논의 안에서도 검토해볼 만한 정책 대안으로 받아들여졌다는 뜻이죠.

물론 궁극적으로 사교육 문제를 포함한 교육열 문제의 해답은 노동시장 구조 개편에 있습니다. 좋은 대학을 나오지 않아도 기회가 주어지는 사회, 특정 직종에 소득이 과도하게 집중되지 않는 사회가 되어야 사교육 경쟁도 자연스럽게 줄어들 수 있습니다. 그게 진짜 해답이라고 저는 생각합니다.

모든 걸 바꿀 수 있는 시간, 임기 첫해뿐

마지막 질문입니다. '서울대 10개 만들기'라는 정책은 결국 대학 서열화를 완화하고, 지역 간 균형발전을 이루면서, 또 과도한 사교육비 부담을 없애겠다는 발상에서 시작된 거잖습니까.
이것을 해결하기 위해서 이번 정부가 반드시 챙겨야 할 과제는 무엇이라고 생각하시나요?

이 문제는 단 하나의 과제로 해결될 수 있는 성격이 아니라고 봐요. 저는 늘 '빅 푸시 Big Push'라는 개념을 강조하는데요. 경제학의 여러 연구에 따르면, 거대한 사회 문제는 한두 가지 정책만으로는 해결되지 않습니다. 관련된 모든 축을 동시에 밀어붙이는 전략이 필요합니다.

지금 우리 사회에 적용하자면, 대통령의 임기 초반인 지금이 바로 그 '빅 푸시'를 실행할 수 있는 마지막 시점입니다. 아직 권력이 실릴 수 있는 임기 첫해에 저출산 문제, 교육 문제 등의 해결에 가능한 한 모든 수단을 총동원해야 한다고 생각합니다. 정권 초에만 가능하고, 또 힘이 빠지면 못 하거든요. 모든 것을 지금 해야 되는 겁니다. ●

7. 서울대가 10개면 교육 불평등은 사라질까?

지연된 전환,
대한민국 경제에
몰아칠
비용의 역습

▶ ▶ ▶

조천호

대기과학자이자 전 국립기상과학원장. 30년간 국립기상과학원에서 일하며 세계 날씨를 예측하는 수치 모형과 지구 탄소를 추적하는 시스템을 우리나라에 처음 구축했으며 원장으로 퇴임했다. 현재는 기후변화가 우리가 살고 싶은 세상과 어떻게 연결되는지 공부하고 있으며, '변화를 꿈꾸는 과학 기술인 네트워크ESC'에서 활동하고 있다. 대표 저서로 《파란하늘, 빨간지구》가 있다.

"정치인의 선의에 맡겨서는
기후위기를 해결할 수 없다는 점을
생각하면서
시민 여러분도 정부와 정치인들을
포위하고, 압박해야 해요.

역사상 더 나은 세상은
기득권의 하사품이 아니라
우리 모두의 투쟁 끝에 이루어졌다는 것을
잊지 말았으면 합니다."

REBOOT

기후위기가 단순한 환경 문제가 아니라, 경제·정치의 핵심 위기로 부상하고 있다. 조천호 전 국립기상과학원장은 "기후위기에 대응하지 않으면 IMF 외환위기보다 3배 규모의 경제적 충격이 현실화될 수 있다"고 경고한다. 한국은 재생에너지 비중이 세계 평균의 3분의 1 수준에 불과하고, 재생에너지 기술 전환을 미룰 경우 기후재앙이 국가 경쟁력과 지역 경제, 국민의 삶 전반에 치명적인 영향을 줄 수 있다. 기후위기를 되돌릴 기회를 놓쳤다고 해서 그에 따른 대응의 기회도 놓칠 것인가. 우리 앞에는 어떤 선택과 집중이 남아 있는가?

리부트 대한민국

외환위기의 3배,
기후위기에 우리가 치러야 할 비용

어릴 적과 비교해보면 장마가 더 빨리 시작되고, 비의 양도 훨씬 많아진 게 피부로 느껴집니다. 요즘엔 집중호우가 아니라 '극한호우'라고 불리기까지 하는데요. 이러한 변화도 이상기후 현상으로 볼 수 있을까요?

기후변화가 일어나는 가장 근본적인 이유는 지구의 평균기온이 상승하기 때문이에요. 지구의 평균기온이 1도 올라가면 공기 중 수증기량은 약 7% 증가할 수 있는데, 이로 인해 곧 더 많은 구름이 만들어지고, 더 많은 비가 내릴 가능성이 커집니다. 반면에 육지에서는 기온 상승 때문에 토양 수분의 증발량이 늘어나면서 가뭄이 심각해져요.

결과적으로 기온이 상승하면, 비가 올 때는 더욱 강한 폭우로, 맑을 때는 극심한 가뭄으로 이어지는 극단적인 현상을 일으키는 거예요. 이처럼 홍수와 가뭄이라는 정반대 기후 현상이 모두 빈번하게 발생하고 있어요. 이러한 현상을 바로 '이상기후'라고 부릅니다.

> 기후변화를 막기 위한 국제적 노력으로 파리협정과 같은 합의가 있었습니다만, 만약 이러한 협약이 실패로 돌아간다면 어떻게 될까요?
> 지구의 온도는 한번 상승하면 쉽게 되돌릴 수 없는데, 구체적으로 어떤 일이 벌어지게 될지 궁금합니다.

더 뜨거운 지구는 더 불안정한 세상입니다. 인간은 자연의 일부니까 결국 자연을 해치는 문명이 인간을 해치기 때문이죠. 기후위기는 단순히 지구의 환경문제를 넘어서 마실 물 부족, 식량 불안정, 거주지 상실을 일으킵니다. 이에 따라 사회 불안, 정치적 갈등, 국경 분쟁, 난민 발생, 심지어 인종 청소와 같은 파괴적인 충돌을 야기할 수 있는 복합적인 위기예요.

특히 경제적으로 막대한 피해가 예상됩니다. 2024년 한국은행이 기후 정책 추진 강도에 따른 실물경제 및 금융권 영향을 평가하는 시나리오를 발표했어요. 기후위기에 아무런 대응을 하지 않을 경우 2100년에는 GDP가 21% 줄어들 것으로 전망합니다. 독일 포츠담기후영향연구소 Potsdam-Institut für Klimafolgenforschung의 연구에 따르면, 기후붕괴가 일어나는 경우 이번 세기 중반 전 세계 평균 소득이 기후변화의 영향이 없는 경우보다 19%가량 줄어들고, 우리나라는 14% 감소할 것으로 내다봤습니다. 1997년 IMF 외환위기 때 우리나라 소득 감소율이 연간 5% 정도였으니까 기후변화에 대응하지 않을 경우 찾아올 경제적 위기는 IMF 외환위기의 3배에 달하는 충격이라고 볼 수 있어요.

재생에너지는
국제사회의 새로운 경제 질서

기후위기에 효과적으로 대응하려면 결국 핵심은 '탄소 배출량', 즉 화석연료의 사용을 줄여야 하는 상황인데요. 이재명 정부는 최근 재생에너지 대전환의 속도를 높이겠다는 계획을 발표했습니다.
이러한 방향이 선진국들과 비슷한 수준에 도달하려면, 우리는 재생에너지 비중을 어느 정도까지 끌어올려야 할까요?

탈탄소는 세계 주류시장에 진입하기 위해 불가피하게 국제사회로부터 강제되는 경제 질서이기도 합니다. 지금 세계 주류시장은 RE100이나 탄소국경조정제도CBAM와 같은 것을 통해 이미 진입 장벽을 만들고 있어요.

RE100은 기업이 사용하는 전력의 100%를 2050년까지 태양광발전, 풍력발전 등 재생에너지로 충당하겠다는 목표의 글로벌 캠페인입니다. 탄소국경조정제도는 유럽연합이 2026년부터 도입하는 '탄소국경세'인데, 온실가스 배출규제가 느슨한 국가에서 생산된 제품을 유럽연합국으로 수출할 경우, 해당 제품의 생산 과정에서 나오는 탄소배출량 추정치에 세금을 부과하겠다는 겁니다. 이러한 흐름은 사실상 기후위기 대응을 수출 경쟁력의 핵심 요소로 만들고 있는 셈인데요. 이에 대응하지 않으면 우리나라 경제는 어느 나라보다도 먼저 큰 타격을 입을 수밖에 없어요. 우리나라는 식량, 자원과 에너지를 우리 영토 안에서 공급받는 나라가 아니고, 세계시장의 진출 정도가 우리의 경제 수준을 결정하기 때문이죠.

2024년 전 세계 전력 생산에서 재생에너지가 차지하는 비율은 약 32%에 이르는데 한국은 약 11%에 불과해요. 우리는 수출을 통해 경제성장을 하는 나라임에도 불구하고, 지금 세계시장이 요구하는 수준에 비해 재생에너지가 턱없이 부족한 상황입니다. 기후위기 대응의 필연성이 커질수록 세계 탄소시장의 압박은 더욱 강화될 텐데, 스스로 온실가스를 줄이지 않으면 고통스럽게 비자발적인 감축을 해야 하는 상황에 직면할 수 있어요. 탈탄소는 세계시장의 진입 장벽이지만, 이를 넘는다면 기업 경쟁의 전략 무기가 될 수 있기 때문에, 치열하게 탈탄소로 전환해야 하는 것이 우리의 현실입니다.

탈원전도 경제적 관점으로 판단해야 할 때

지금 화력발전소 축소는 이미 사회적으로 합의된 사안이잖아요. 그럼 남은 전력 수요를 어떻게 충당할 것인가 하는 문제가 남는데요.
재생에너지가 한 축이라면, 또 다른 축인 원자력발전에 대해서는 어떻게 봐야 할까요? 확대해야 됩니까, 축소해야 됩니까?

원자력발전(이하 원전)이 위험하다는 점은 잘 알려져 있고, 실제로 사고가 발생할 경우 대규모 피해로 이어질 수 있죠. 우리 세대가 원전을 통해 에너지라는 편익을 누려왔지만, 그로 인해 발생한 핵폐기물은 미래 세대가 감당해야 한다는 윤리적 문제가 늘 제기되어 왔습니다. 그러나 당장 에너지 없이 살 수는 없는 것이 현실이니 지금까지는 원전의 '위험과 혜택'을 논쟁하는 방식으로 논의가 진행돼왔죠. 그런데 이제는 '비용과 효과', 다시 말해 시장 논리의 관점에서 판단할 시점이 되었습니다.

　원전 시장은 세계적으로 쇠퇴하는 양상을 보이고 있습니다. 예를 들어 2014년 프랑스의 원자력 기업 아레바Areva는 핀란드의 원전 건설 과정에서 과도한 비용 문제로 파산했습니다. 2018년에는 일본 기업 미쓰비시중공업이 튀르키예의 원전 사업을 수주했었지만, 급등한 비용 때문에 철수를 했고, 2020년에는 일본 기업 히타치가 영국 원전 사업에서 수조 원의 매몰 비용을 감수하고 철수한 바 있습니다. 재생에너지의 가격 경쟁력이 높아지면서, 원전을 새로 건설하는 것이 더 이상 경제적이지 않다는 판단이 이어졌기 때문이죠.

　일본 기업 도시바의 경우, 2006년 미국 원자력 기업 웨스팅하우스Westinghouse Electric Company를 인수했었습니다. 그런데 후쿠시마 사고 이후 원전 관련 규제가 강화된 데다 비용 폭등으로 막대한 손실을 입은 웨스팅하우스가 파산보호신청을 했고, 이 때문에 결국 2023년 도시바 그룹 자체가 매각되는 사태로 이어졌습니다. 이는 이미 주류시장에서 원전 산업이 수익을 내기 어렵고 확대하기가 어렵다는 방증이라 할 수 있어요.

　우리나라 역시 1978년 첫 원전을 도입한 이후 약 40여 년이 지났습니다. 다른 주요 산업들은 초기에는 국가 지원을 받았지만 이후 민간 기업이 자체적으로 투자 계획을 수립하고, 연구 개발을 추진하면서 글로벌 시장을 개척해왔어요. 이와 달리 원전 산업은 여전히 기업이 자발적으로 투자에 나서지 않고, 정부가 발주를 하면 시공만 맡는 구조에 머물러 있습니다.

원전은 지금도 막대한 국가 지원과 세금이라는 공적 자금에 의해 유지되고 있습니다. 만약 원전 산업이 시장의 논리에 완전히 맡겨진다면 지속 가능성이 상당히 낮다고 봅니다.

> 결국 원전은 이제 투입 대비 효과가 크지 않다는 말씀이신데요. 수익성 측면에서도 이미 경제성이 낮은 산업으로 봐야 한다는 판단이신가요?

재생에너지를 살펴보면, 지난 10년간 단가가 급격히 하락했어요. 10년 전과 비교하면 2020년을 기준으로 태양광발전과 풍력발전 비용은 각각 85%와 55% 감소했고, 배터리 비용도 같은 기간 85% 하락했습니다. 이는 연구개발 투자를 확대하면서 대량생산이 가능해졌기 때문이거든요.

세계에너지기구IEA의 자료에 따르면, 신규 발전량 기준으로 2023년 태양광발전과 풍력발전의 발전량은 원전보다 약 100배 규모에 달합니다. 이렇게 차이가 나는 건 재생에너지가 시장 경쟁력을 갖추고 있기 때문이죠.

> 언론 보도에 따르면, 몇몇 국가가 탈원전 기조를 수정하

고 원전을 기후위기 대응 전략에 다시 포함시키는 움직임을 보이고 있습니다.

이러한 정책 변화는 국가별 상황에 따라 달라지는 건가요, 아니면 세계적인 추세인가요?

일부 나라, 특히 보수적인 정권들이 원전을 늘리려고는 합니다. 이는 원전 산업이 기득권과 강하게 얽혀 있는 산업이자, 국가 안보 문제와도 연결되어 있기 때문인데요. 세계에너지기구는 수십 년 전부터 지금까지 원전이 대폭 확대될 것이라고 전망해왔어요. 하지만 그 예측은 현실화되지 않고 있습니다. 이에 대해 세계은행 World Bank은 세계에너지기구가 원전 시장을 과도하게 낙관적으로 전망함으로써 투자 판단에 왜곡을 초래하고 있다는 점을 지적하는 보도자료를 내기도 했어요.

결과적으로 몇몇 나라가 원전 확대를 시도하고는 있지만, 시장이 그만큼 반응을 안 해주고 있는 상황인 거죠.

우리 국토는 재생에너지 생산에 불리할까?

일각에서는 우리나라가 미국 애리조나처럼 햇빛이 강한 곳도 아니고, 노르웨이처럼 바람이 많은 나라도 아닌 데

> 다 또 국토도 좁기 때문에 태양광 패널이나 풍력 터빈을 설치할 공간이 마땅치 않다고 지적하기도 합니다.
> 게다가 AI 시대를 맞아 전력 수요는 갈수록 늘어나고 있기 때문에, 재생에너지만으로 그 수요를 감당할 수 있을지 우려도 있어요. 이러한 지점들은 어떻게 해결할 수 있을까요?

우리나라는 자연 조건의 한계 때문에 재생에너지로는 전력 수요를 감당하지 못할 것이라는 주장이 거세죠. 그런데 탈원전 후 재생에너지 생산량을 세계적인 수준으로 끌어올린 독일하고 비교해보면, 우리나라는 독일보다 위도가 무려 15도나 낮아서 태양광발전에 유리합니다. 독일에 비한다면 우리나라는 태양광 천국인 거죠. 그런데도 우리나라에서 흔히 나오는 반론은, 사막과 비교해서 태양광 효율이 낮다는 주장인데요. 그 논리라면 독일은 태양광을 아예 설치하지 말아야 한다는 얘기가 됩니다.

한국에너지공단이 2020년에 내놓은 〈신재생에너지 백서〉에 따르면, 지리적·기술적 요인을 반영한 연간 잠재 발전량은 태양광과 풍력이 각각 현재 발전량의 5배, 3배 이상이 된다고 분석했습니다. 골프장이 서울 면적의 84%를 차지하는 나라에서 재생에너지를 생산할 곳이 없다고 탓할 수만은 없어요. 자연환경이 불리하다는 한가한 이야기를 할 때가 아니죠.

이재명 정부의
재생에너지 정책은?

이재명 대통령은 지난 대선 당시, 윤석열 정부 시기에 국내 재생에너지 산업이 초토화되었다고 언급한 바 있습니다. 이런 평가는 어떻게 보시나요?

초토화되었다기보다는 세계적으로 태양광발전이 폭발적으로 확대되는데, 윤석열 정부가 이러한 흐름을 따라가지 못했다는 문제가 있습니다. 윤석열 정부 시기에는 2022~2023년 연속으로 태양광발전 설치량이 급감했어요. 2020년에 4.6기가와트까지 올라갔던 태양광 신규 보급량이 2023년에는 3.0기가와트까지 줄었고, 예산도 감소했습니다. 이런 점을 고려했을 때 세계적인 흐름에서 벗어났다고 볼 수 있죠.

이재명 대통령은 후보 시절, '에너지 고속도로' 추진 계획과 농가 태양광을 통해 '기후연금'을 만들겠다는 정책 구상도 제시한 바 있습니다. 이러한 공약은 실현 가능한 것인가요?

에너지 고속도로는 재생에너지 발전 잠재력이 풍부한 지역에서 생산된 전력을 수도권 등 대규모 전력 소비 지역으로 효율적으로 송전하기 위한 인프라입니다. 이 고속도로가 구축되면 재생에너지를 더욱 확대할 수 있게 되죠. 동시에 기후연금은 재생에너지 발전 사업에서 발생하는 수익을 해당 지역 주민에게 분배하는 것을 의미하는데요. 이것은 주민들의 재생에너지 사업에 대한 수용성을 높이고, 에너지 전환의 혜택을 지역 사회와 공유하는 데 목적이 있어요.

그런데 비수도권의 재생에너지가 수도권과 산업 단지의 지원 수단으로 기울어지면 지역 불균형이 더욱 심화될 가능성이 있습니다. 비수도권 지역이 대규모 발전으로 인해 송전설비의 부담과 환경 피해를 겪는 데 반해서 이익은 수도권과 산업 단지에 집중될 수 있죠. 결과적으로 에너지고속도로와 기후연금은 에너지 인프라와 사회적 환원을 결합한 국가 기후 전략이지만, 수도권 중심의 전력 집중, 지역 희생 등의 문제 해결 없이는 성공할 수 없습니다.

더하여 농가 태양광은 보통 '영농형 태양광'이라고 하는데, 농사를 지으면서 태양광발전 설비를 함께 설치하는 겁니다. 그런데 이런 경우 농산물 생산량이 약 30% 정도는 줄어들 것이라고 추정이 돼요. 그 대신 에너지 생산을 통해 새로운 수익을 창출할 수 있다는 장점도 있죠. 이런 점을 고려하면, 농가 소득을 확충한다는 면에서 기후연금은 충분히 검토해볼 만한 정책이라고 봅니다.

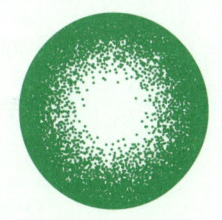

"에너지고속도로와 기후연금은
에너지 인프라와 사회적 환원을 결합한
국가 기후 전략이지만,

수도권 중심의 전력 집중,
지역 희생 등의 문제 해결 없이는
성공할 수 없습니다."

재생에너지는 지역공동체에
부를 창출할 것

그렇다면 새 정부는 기후위기에 어떻게 대응해야 할까요? 가장 중요한 점을 조언해주신다면요?

미국 저널리스트인 빌 맥키번Bill McKibben은 풍력 터빈이나 태양광 패널에서 이윤을 얻을 수 있지만, 화석연료 기업가만큼 많은 돈을 벌지는 못한다고 했습니다. 태양과 바람에 대해서는 돈을 받을 수 없는 데다가 소규모로 분산되어 독점하기가 어렵고, 또 그래서 희소성을 만들어내기가 어려워 기업가에게 큰 이익을 안겨줄 수 없다는 거죠. 이 때문에 대기업은 재생에너지 가격이 아무리 내려가도, 수익률이 낮은 태양광 에너지 투자에 매력을 느끼지 못한다는 겁니다. 그래서 태양광 에너지는 공공에 기반해서 확장시켜야 합니다. 태양과 바람으로 만들어지는 재생에너지는 지역 공동체의 공유 자산이 되어서 지속적으로 공공의 부를 창출할 수 있어요.

국제재생에너지기구IRENA 발표에 따르면 재생에너지 산업과 관련해서 2012년 전 세계에 약 730만 개의 일자리가 만들어졌는데, 2023년에 1620만 개로 2배 이상 늘어났습니다. 국제사회가 합의한 2050년 탄소중립 목표(1.5℃ 상승 제한)에 도달하려면, 전 세계적으로 약 4200만 개의 일자리가 재생에너지 분야에 추가로 필요할 것으로 전망돼요. 그린피스와 미국 매사추세츠대 정치경제연구소PERI의 합동 연구를 보면, 우리나라 역시 2050년 탄소중립에 도달하기 위해서 투자를 이어갈 경우, 약 200만 개의 재생에너지 관련 일자리를 창출할 수 있다고 하거든요. 특히 재생에너지는 분산형 전원이라는 특성 때문에 일자리가 전국적으로 분포하게 되죠. 즉 지방소멸 문제를 해결할 수 있는 유력한 산업 전략이라고도 볼 수 있어요.

이제 자연이 재생할 수 있는 능력에 우리를 맞추어야 합니다. 재생에너지 전환은 트렌드를 넘어 패러다임의 변화예요. 이 패러다임의 변화에 제대로 올라타지 못하면 경제적 재앙을 맞이하게 됩니다. 기존 틀에서는 아무리 뛰어난 전략도 필패죠. 우리나라의 가장 큰 위기는 재생에너지의 미래 전망에 대해서는 눈감고, 스스로 만든 난제와 한계에만 사로잡혀 있다는 데 있어요. 당장 해결 방법이 없는 것도 아닌데 이러고 있을 이유가 없습니다.

에너지 전환은 우리나라 경제의 미래를 결정하는 중요한 요소입니다. 2000년 이후 우리나라 에너지 수입액은 총 수입액의 20~30%를 차지하고 있거든요. 재생에너지로 대체한다면, 외국에 지급해야 하는 화석연료 비용을 줄이는 만큼 우리나라 안에서 새로운 부를 창출할 수 있습니다. 이와 함께 그동안 에너지 빈국이었던 우리나라가 에너지 안보도 확보할 수 있게 되죠.

기후위기 대응을 위한 재생에너지 전환은 다른 에너지원

과 달리 지정학적 요인보다는 기술 수준에 의해 경쟁력이 결정됩니다. 제조업 기술 강국인 우리나라가 잘할 수 있는 분야임에도 오히려 세계 주류시장에서 뒤처진 상황이어서 분발해야 할 시점이에요.

미래 세대에 비용을 전가하지 않으려면

결국 RE100이나 탄소국경조정제도에 대응하려면, 기업들도 재생에너지로의 전환이 시급해진 상황인데요.
그런데 이 과정에는 막대한 비용이 들어가고, 기업들의 부담도 상당할 수밖에 없잖습니까. 이 전환 비용 문제는 어떻게 접근해야 할까요?

기후위기로 인한 재앙과 그 때문에 발생하는 사회적·경제적 피해 비용에 비하면, 탈탄소 경제사회로의 급격한 전환이 그나마 가장 가능한 선택이고 가장 적은 비용이 들어가는 선택지입니다. 초기에 발견해 쉽게 치료할 수 있는 질병도 오래 방치하면 심각해지잖아요. 지금 대응하면 비교적 적은 비용으로 문제를 해결할 수 있지만, 미루면 미룰수록 더 큰 비용이 들게 됩니다. 전환은 '비용'이 아니라 미래를 지키기 위한 '투자'로 봐야 합니다.

독일 포츠담기후영향연구소의 연구에 따르면, 이번 세기 중반에 기후붕괴가 일어난다고 가정했을 때, 그 피해 비용의 6분의 1만 미리 투자를 해도 기온이 2°C 상승하는 것을 막을 수 있다고 합니다. 즉 전환 비용이 방관 비용보다 훨씬 적은 거예요. 전환 비용은 기성세대가 지불해야 하지만, 방관 비용은 미래 세대가 지불해야 합니다. 그러니까 기후위기 대응은 기성세대에게 미래 세대의 지속 가능한 삶에 대한 '진심'을 묻는 것이기도 하죠.

기후에너지부 신설이 도움이 될까?

이번에는 정부 대응 이야기를 해보죠. 문재인 정부 시기에는 재생에너지에 무게가 실렸고, 윤석열 정부에서는 원전이 상대적으로 강조되었다고 평가되는데요.
그렇다면 이재명 정부에서는 재생에너지와 원자력에너지 간의 균형을 어떻게 조율하는 것이 바람직하다고 보십니까?

현재 운영 중인 원전은 원래의 상태대로 사용할 수 있는 내구연한이 될 때까지 안전하게 운영해야 하고 필요한 새로운 전력은 재생에너지를 통해 확보해야 합니다.

　세계에너지기구는 2023년 재생에너지 분야가 전 세계 GDP 성장 중 10%를 차지했다고 발표했습니다. 특히 중국과 유럽은 이 분야가 전체 성장의 20% 이상을 차지했어요. 1954년에 태양광발전이 처음 시작된 이후로 2022년까지 68년 동안 누적된 설치량이 2023년과 2024년 단 두 해 만에 달성될 정도로 태양광에너지 시장은 급격히 성장하고 있습니다. 이제 재생에너지는 보완 에너지가 아니라 대체할 수 있는 주력 에너지가 될 수 있다는 가능성을 보여주고 있어요. 이것은 앞으로 경제성장을 이끄는 새로운 동력이 될 수 있다는 뜻이죠.

　이런 점에서 우리가 어디에 더 집중적으로 투자해야 하는지는 현재 상태가 아니라 세계적인 산업의 방향과 추세를 보고 판단해야 합니다.

> 이재명 대통령은 후보 시절 기후에너지부 신설을 추진하겠다는 공약을 낸 바 있습니다. 정부 조직 개편을 통해 환경부의 '규제 기능'과 산업통상자원부의 '에너지 기능'을 분리해 통합하겠다는 방향인데요.
> 이 두 기능은 성격 자체가 전혀 다른 영역이기 때문에 우려의 목소리도 있거든요. 이런 구상에 대해서는 어떻게 보십니까?

환경부가 기후위기 대응 정책을 담당하게 되면 필요한 에너지 수요와 공급을 놓칠 우려가 있습니다. 반면 산업통상자원부가 에너지 정책을 주도하게 되면, 기후위기 대응이 에너지 정책에 종속되는 문제가 발생할 수 있고요. 이러한 이유로 기후위기 대응과 에너지 정책은 통합적으로 다뤄져야 하고, 이렇게 통합이 되어야만 정책의 기획과 집행에서 효율성을 높일 수 있다고 봅니다.

실제로 OECD 국가의 약 3분의 1은 이미 기후와 에너지를 통합한 부처를 운영하고 있어요. 운영 성과를 통해서도 통합이 훨씬 효과적이라는 평가를 받고 있습니다. 다시 말해서 기후에너지부 신설은 새로운 아이디어라기보다는 국제적으로 검증된 흐름에 발맞춰가는 조치라고 봐야 합니다.

착한 소비자만으로는 기후문제를 해결할 수 없다

마지막으로 기후위기 대응은 누구나 필요성을 인식하지만, 실천으로 옮기기는 쉽지 않은 과제인데요. 그렇다면 대한민국의 근본적인 전환을 이루기 위해서 시민들은 어떤 일을 해야 할까요? 가장 중요한 요소는 무엇이라고 보십니까?

기후위기 대응이 더딘 이유는 우리가 무엇을 해야 하는지 알지 못하거나, 기술이 부족하거나, 돈이 부족해서가 아니에요. 고질적인 문제는 정부와 정치인에게 해야 하는 일을 할 의지와 헌신이 부족하기 때문이죠. 그래서 시민이 참여해서 기후위기에 대응할 선출직 공무원을 뽑는 것, 그 대응을 법으로 만들어낼 의원을 뽑는 정치적 참여와 압박, 이것이 기후위기를 해결하는 가장 빠른 방법입니다.

정부는 시민들에게 기후위기를 막으려면 '착한 소비자'가 되라고 하죠. 물론 개인의 역할도 중요하지만 착한 소비자 운동만으로는 기후위기 대응이 불가능합니다. 모든 사람이 선해진다고 해도 세상 문제가 해결되진 않아요. 인류 역사는 좋은 제도를 만들어 전진해 왔잖아요. 철도 노선이 제대로 마련되지 않고 버스가 다니지 않는다면 어떻게 자동차를 포기할 수 있겠습니까? 모든 제품이 과잉 포장되어 나오는데 어떻게 쓰레기를 줄일 수 있겠어요. 제도가 있기 때문에 우리는 하루 여덟 시간 근무하고, 주말에 쉬는 삶을 누릴 수가 있는 거잖아요.

기후위기를 막기 위해 개인이 윤리적인 소비를 한다 해도 정치에 참여하지 않는다면, 좋은 사람은 될 수 있어도 기후위기를 막을 수 있는 좋은 세상은 만들 수 없어요. 기후위기를 막으려면 현재의 기후 파괴적인 체제들을 바로잡아야 하고, 그 책임은 의사 결정자들에게 있어요. 시민으로서 우리의 책임은 정치인들에게 책임을 묻는 데에 있습니다. 그러나 이 민주주의에 참여하지 않는다면 시민은 자기 결정 능력을 잃어버릴 수밖에 없고, 기득권이 지배하는 정치 체제에 짓눌릴 수밖에 없습니다.

유엔환경계획UNEP에서도 기후위기를 해결하기 위한 방법으로 첫째, 시민이 목소리를 내야 하고, 둘째, 정치적 압박을 가해야 한다고 강조합니다. 정치인의 선의에 맡겨서는 기후위기를 해결할 수 없다는 점을 생각하면서 시민 여러분도 정부와 정치인들을 포위하고, 압박해야 해요. 역사상 더 나은 세상은 기득 권력의 하사품이 아니라 우리 모두의 투쟁 끝에 이루어졌다는 것을 잊지 말았으면 합니다. ●

인구

인구 감소, 사회 재건할 기회가 될 수 있을까?

▶▶▶

이철희

인구경제학자. 시카고대학교 경제학과에서 수학했고, 동 대학 인구경제학연구소 연구원, 뉴욕주립대학교 경제학과 조교수를 거쳐, 서울대학교 경제학부 교수로 재직하고 있다. 케임브리지대학교, UCLA, 옥스퍼드대학교 연구교수, 프랑스 국립인구연구소 방문학자, 미국 국립보건원NIH 연구 프로젝트 책임자, 미국 국가경제연구소NBER 연구원 등을 역임했고, 저출산고령사회위원회, 일자리위원회, 외국인정책위원회, 양성평등위원회 등 정부위원회 본위원으로 활동했다. 현재 서울대학교 국가미래전략원 인구클러스터장을 맡고 있다. 대표 저서로 《일할 사람이 사라진다》가 있다.

"인구 감소와 고령화로 인해
한국 사회가 전반적으로 어려워지고
삶의 조건이 팍팍해질 가능성은
분명 존재합니다.

그러나 그게 정말 절벽에서 떨어지는 사건이 될지,
아니면 완만한 내리막길이 될지
그 방향은 결정되지 않았어요."

REBOOT

출산율 저하와 고령화가 들이닥친 한국 사회는 '멸종, 붕괴, 소멸'이란 수식어와 함께 공포 담론에 잠식당하고 있다. 국내뿐 아니라 해외에서도 인구 감소로 한국에 망국이란 재앙이 불어닥치리라 예상하는 상황이다. 그러나 장기적 저출산과 고령화로 인한 생산연령인구 감소는 필연적이지만, '노동의 미래'는 아직 정해지지 않았다. 바로 지금 우리가 어떻게 준비하고 행동하느냐에 따라 미래는 충분히 달라질 수 있다. 인구 축소의 시대, 우리는 미래를 어떻게 재설계할 수 있을 것인가?

리부트 대한민국

한국 소멸은
예정된 미래가 아니다

최근 들어 대한민국은 인구 감소 때문에 결국 소멸하게 될 것이라는 비관적 전망이 국내외에서 제기되고 있습니다. 실제로 저출산과 고령화 같은 인구 구조의 급격한 변화가 일상생활에서 체감되기도 하는데요.
오늘날 인구 위기는 과연 어느 정도로 심각한가요? 우리나라가 정말 국가 소멸의 단계에 진입하고 있는 겁니까?

한국의 인구 문제가 매우 심각하다는 사실에는 이견이 없고요. 엄중한 상황입니다. 인구 감소와 고령화는 분명히 중대한 사회적 도전이죠. 2023년 통계청이 발표한 장래인구추계에 따르면, 2072년까지 한국의 전체 인구는 30% 감소할 것으로 예측되는데, 이런 감소 규모나 속도는 14세기 흑사병 이후에 유럽이 경험했던 수준에 해당합니다.

또한 앞으로 50년 정도 지나면 대한민국 전체 인구의 거의 절반이 65세 이상 인구가 됩니다. 반면에 유소년과 청년 인구는 현재의 약 40% 수준으로 줄어들 것이고요. 고령화 속도 역시 세계적으로 유례가 없을 만큼 빠르게 진행되고 있는 거죠. 이러한 인구 변화 추이를 살펴보면 사회 전반에 엄청난 충격을 가져오리라는 점은 부인하기 어렵습니다.

하지만 이로 인해서 한국이 망한다든가 소멸된다거나 하는 것은 지나치게 단정적인 주장입니다. 선뜻 동의하기가 어렵고요. 인구 변화가 예정된 것은 맞지만, 그것으로 인한 미래는 아직 정해져 있지 않고 불확실합니다. 다시 말해, 출산율이나 이민 등 여러 변수에 따라 그 궤적은 달라질 수 있어요. 인구 감소가 한국 사회에 가져올 충격 역시 고정된 것이 아니라, 우리가 앞으로 어떻게 대응하느냐에 따라 그 영향의 규모나 파급력은 바뀔 수 있습니다.

정리하면, 인구 감소와 고령화로 인해 한국 사회가 전반적으로 어려워지고 삶의 조건이 팍팍해질 가능성은 분명 존재합니다. 그러나 그게 정말 절벽에서 떨어지는 사건이 될지, 아니면 완만한 내리막길이 될지 그 방향은 결정되지 않았어요. 그것은 지금 우리가 어떤 사회적·경제적·제도적·정책적 선택을 하느냐에 달려 있습니다.

인구 감소가 곧
노동력 감소를 뜻하지 않는 이유

인구 감소 자체보다 더 핵심적인 문제는 노동력의 위축이지 않을까 싶어요. 교수님께서는 최근 《일할 사람이 사라진다》라는 책을 통해 이 문제를 집중 조명하셨는데, 앞으로 우리 사회에서 노동력은 구체적으로 얼마나 감소하게 됩니까?

실제 주로 사용되는 통계지표인 생산연령인구, 즉 15세부터 64세 사이의 인구는 앞으로 가파르게 감소할 겁니다. 2023년에 통계청이 발표한 장래인구추계에 따르면, 약 20년 후에는 현재의 80% 수준, 50년 후에는 45% 수준으로 줄어들 것이고요. 이런 상황이기에 아무래도 인구가 감소하고 고령화가 이어지면 일할 사람이 줄어들 것이라고 우려하는 거죠. 하지만 저희 연구 결과에 따르면, 앞으로 25년에서 30년 정도의 기간에는 실제 노동력 공급이 그렇게 급격하게 줄어들지는 않을 것 같습니다. 여기에는 몇 가지 근거가 있어요.

첫째, 생산연령인구 자체가 곧바로 노동 투입을 의미하지 않기 때문입니다. 예를 들어 65세 이상 고령자 가운데도 한국에서는 약 40%가량이 여전히 경제활동에 참여하고 있어요. 한국은 고령 인구 고용률이 세계적으로 가장 높은 국가 가운데 하나죠. 이런 상황 때문에 생산연령인구보다는 실제 노동시장에 영향을 미치는 지표인 '경제활동인구'를 봐야 합니다. 경제활동인구는 만 15세 이상 인구 중에서 취업 중이거나 구직 중인 사람들을 모두 합한 인구를 의미하는데요. 65세가 넘었더라도 노동시장에 남아서 일하는 사람들까지 포함합니다.

2022년을 기준으로 성별·연령별·학력별 경제활동참가율이 유지된다고 가정할 경우, 2042년까지 경제활동인구는 현재의 약 90% 수준을 유지할 것으로 보입니다. 생각보다 그렇게 빨리 안 줄어드는 거죠. 특히 한국은 중장년층과 고령층의 경제활동 비율이 상대적으로 높고, 반대로 청년층은 낮기 때문에 고령화가 진행된다고 해도 노동인구는 상당히 느리게 줄어들 겁니다. 생산성까지 고려하면 그 속도는 좀 더 더뎌질 것이고요.

둘째, 향후 노동시장에 진입하는 세대의 교육 수준이 높아진다는 점도 중요한 변수입니다. 즉 미래의 고령자가 현재의 고령자에 비해 더 교육 수준이 높고, 더 건강하리라 예상하는데, 이러한 인력들이 노동시장에 진입함에 따라 전반적인 노동생산성은 점차 향상될 것으로 보입니다.

이러한 요인을 반영하면, 생산성을 조정한 노동 투입은 앞으로 2042년까지 현재의 약 92% 수준을 유지할 것으로 예상이 돼요. 또한 실제로 과거의 장기적인 추세나 현재의 정책 방향을 감안할 때, 앞으로는 여성과 장년층(50~64세)의 경제활동 참가율이 더 높아질 가능성도 큽니다.

이런 요소를 종합적으로 고려해보면, 향후 25~30년 동안은 노동력의 급격한 감소보다는 점진적인 변화가 일어날 겁니다. 다만, 30년 정도가 지난 이후부터는 노동력 감소가 상당히 빠른 속도로 진행될 거예요.

일할 사람이 줄어들면
반드시 나쁜 미래가 올까?

그런데 일할 사람이 줄어드는 것이 꼭 부정적인 결과만을 초래하는 걸까요?

어느 측면에서 보느냐에 따라 달라질 수 있는 문제입니다. 흔히 일할 사람이 줄어드는 것을 부정적으로만 보지만, 역사적으로 보면 오히려 긍정적인 전환점이 된 사례도 존재합니다. 예를 들어 흑사병 이후의 서유럽에서는 노동력 감소로 인해 봉건제가 해체되고 농노제가 폐지되면서, 농민들이 자유를 얻고 임금이 2배 가까이 상승하는 등 생활 수준이 전반적으로 향상되는 변화가 있었습니다. 그 결과 근대 유럽 사회의 형성과 발전에 중요한 토대를 제공했다는 평가도 있죠.

그보다 최근의 사례로는 코로나19 팬데믹 이후의 미국을 들 수 있습니다. 노동력 부족 현상이 임금 상승을 불러왔고, 또

물가가 상승하는 등 여러 부작용이 나타났죠. 그런데 미국의 경제학자 데이비드 오터David Autor는 이를 긍정적으로 평가합니다. 저숙련·저임금 노동을 하던 사람들이 더욱 질 높은 업무에 투입됨으로써 임금 격차가 줄어들었다는 거죠. 고용주들도 임금이 높아진 만큼 훈련을 강화하는 등 일자리의 질을 높이는 긍정적인 효과가 있었다는 겁니다.

물론 한국의 경우에는 청년들이 급격히 줄어드는 문제에 따르는 부작용이 있지만, 만약 우리 사회가 일할 사람이 줄어드는 것에 잘 적응한다면, 경제 체질을 개선해서 일자리의 질을 높이고 더불어 생산성을 높이는 계기로 전환시킬 수도 있죠.

9년 만의 출산율 반등, 좋은 시그널일까?

최근 출산율이 10년 가까이 지속되던 하락세가 멈추고, 전년 대비 소폭 상승한 0.75명을 기록했는데요.
이러한 변화를 긍정적 전환의 신호로 볼 수 있을까요?
인구 감소를 저지할 수 있는 '좋은 시나리오'가 현실화될 가능성은 얼마나 된다고 보십니까?

물론 좋은 시나리오가 펼쳐질 가능성도 있습니다. 그런데 그 가능성이 매우 불투명한 것도 사실이에요. 일단 작년의 출산율 상승과 출생아 수 증가가 실제 추세적인 반등을 보여주는 것인지가 아직 확실하지는 않습니다. 제 판단으로는, 지난해 출생아 수 증가 현상은 코로나19 팬데믹으로 오랜 기간 결혼과 출산을 미루어온 분들이 누적되어 나타난 결과로 보는 게 타당할 것 같습니다. 그런 점에서 이러한 증가세가 올해 이상 장기적으로 지속되기는 쉽지 않을 듯하고요.

즉 장기적인 출생아 수 증가로 이어질 수 있는 구조적 변화로 보기는 어렵습니다. 그래서 불투명하다고 말씀드린 것이고요. 그렇지만 한편으로 과거의 사례를 봤을 때 출산율이 갑자기 반등하는 경우도 적지 않았습니다. 그렇기 때문에 앞으로 우리가 어떤 선택을 하느냐에 따라 반등의 여지는 충분히 존재합니다.

한마디로 정리하자면, 우리 사회가 인구 문제에 어떻게 대응하느냐에 따라 미래는 달라질 수 있고, 다양한 가능성이 열려 있다고 할 수 있어요.

> 다소 포괄적인 질문일 수도 있겠습니다만, 장기적인 관점에서 보았을 때, 앞으로 30년 후 한국의 출산율은 어떻게 전망하시나요?

어떤 사회든지 '조정 기능'이라는 게 있거든요. 출산율이 지속적으로 낮아지고 아이가 태어나지 않게 되면, 자연히 아이는 귀한 존재가 됩니다. 희소한 자원은 그만큼 더 큰 가치를 지니게 되고, 사회적으로도 그에 상응하는 관심과 투자가 뒤따를 수밖에 없습니다.

이러한 조정 기능이 사회 전반에 걸쳐 작동한다면, 향후 20~30년 안에 한국의 출산율이 지금보다는 반등하고, 아이를 낳고 기를 수 있는 여건 또한 점차 개선될 가능성이 충분히 있습니다.

있는 사람을 적재적소에 잘 쓴다는 것

인구 감소, 특히 노동력의 축소가 피할 수 없는 흐름이라면, 앞으로 우리 사회는 어떤 방향으로 정책적 대응을 해야 할까요?

아무래도 사람이 줄어드는 것을 막을 수 없다면, 줄어든 사람이라도 충분히 효율적으로 쓰는 그런 정책이 필요하겠죠. 다시 말해, 지금보다는 개인의 역량이 잘 발휘될 수 있는 분야와 일자리로 적재적소에 잘 배치하는 작업이 우선적으로 필요해요. 이를 위해서는 교육제도와 노동시장의 구조적 개편이 필수적입니다.

첫째로 '교육'을 살펴보면, 1970년대에는 연간 출생아 수가 약 100만 명에 달했고, 그만큼 새로운 인력이 나왔습니다. 그 중에 일부만 잘 교육시켜도 충분히 노동시장에서 기능할 수 있었죠. 그런데 출생아 수 감소로 현재 신규 인력 유입 수는 60만 명 정도이고, 몇 년 후에는 40만 명대, 2040년 이후에는 30만 명으로 줄어들 겁니다. 이는 모든 사람을 최대한 잘 길러내서 노동시장에 내보내야만, 과거에 했던 그런 기능을 수행할 수 있다는 뜻이기도 합니다.

이제는 변화하는 세상에 발맞춰서, 적은 수의 인재를 모두 온전하게 성장시키고, 이들이 사회에 기여할 수 있도록 교육제도의 전반적인 변화가 필요합니다.

두 번째로 '노동시장'도 지금보다는 훨씬 더 유연하게 변화해서 이동성이 높아져야 합니다. 사람은 나이가 들면 생산 역량, 신체기능, 일에 대한 선호가 변합니다. 그래서 시간이 지남에 따라 처음에는 잘 맞았던 일자리가 버거워지고, 이런 '미스매치' 때문에 생산성이 떨어질 수 있죠. 그 사람이 오랫동안 최대한의 생산성을 발휘할 수 있는 곳으로 적재적소에 재배치하는 기능을 할 수 있어야 됩니다.

세 번째로 지금 일할 사람이 줄어들 것이라고 말씀을 드렸지만, 대체적인 방향성이 그렇다는 것이지 얼마나 줄어들 것인지는 아직 확정되지 않았습니다. 즉 여러 인구집단의 경제활동참가율을 지금보다 더 높일 수 있다고 가정한다면 일할 사람이 줄어드는 속도도 완화될 수 있는 거죠.

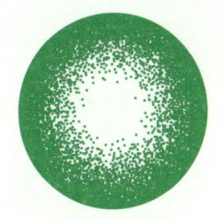

"이제는 변화하는 세상에 발맞춰서,
적은 수의 인재를
모두 온전하게 성장시키고,

이들이 사회에 기여할 수 있도록
교육제도의 전반적인 변화가
필요합니다."

또 인구가 감소하더라도 그 사람들의 생산성을 높이는 노력을 할 수 있다면, 실질적으로 일하는 사람의 수가 줄어드는 것을 막을 수 있는 겁니다.

여성과 장년을 경제활동에 참가시킨다면

그렇다면 현재 노동시장에서 가장 큰 비중을 차지하는 남성 청장년층 외에, 여성이나 은퇴 이후의 장년층을 좀 더 적극적으로 활용하는 방안도 인구 감소에 대응하는 대안이 될 수 있을까요?

여성과 은퇴 이후의 장년층, 이 두 집단이 중요한 이유는 현재 기준에서 상대적으로 경제활동 참여가 낮은 그룹이기 때문입니다. 현재를 기준으로 보면 30~40대 남성은 이미 경제활동에 매우 활발하게 참여하고 있어서 이들의 경제활동참가율을 더 높일 만한 여지는 별로 없어요.

반면 한국 같은 경우에는 여성의 경제활동참가율이 상대적으로 낮은 편이에요. 25~54세 여성 경제활동참가율은 장기적으로 꾸준히 높아지긴 했지만, 스웨덴이나 프랑스, 독일 같은 북서부 유럽 국가들과 비교하면 20~30%p 낮습니다. 옆 나라 일본보다도 10%p가 낮죠. 그중에서도 특히 30~40대는 경력 단절로 인해 일본보다 20%p까지 낮아집니다. 그래서 경제활동참가율을 추가적으로 높일 수 있는 여지가 있어요.

여성이 특히 중요한 건, 한국의 가장 큰 인구 문제 중 하나가 청년 인력이 줄어드는 것인데, 그나마 청년 인력과 대체할 수 있는 사람들이 바로 경력 단절이 많이 일어나는 30~40대 여성 그룹이기 때문이에요. 그래서 이 그룹의 경력 단절을 막고, 경제 활동을 더 확장시킨다면, 청년 인력이 줄어들었을 때의 부정적인 영향을 좀 완화할 수 있을 겁니다.

장년층도 마찬가지예요. 앞으로 고령층 비중이 가파르게 증가할 것이 분명한 만큼, 이 증가하는 그룹을 충분히 잘 활용해야 됩니다. 또 장년층은 앞서 말한 것처럼 과거에 비해서 훨씬 더 건강하고 교육도 많이 받은 사람들로 바뀌고 있어서 이들의 역량을 잘 활용하는 것이 향후 인구 변화에 대응하는 데 핵심적인 전략이 될 거예요.

청년 인력 감소가 우리나라에 중요한 이유

청년 노동인구 감소 이야기를 좀 더 구체적으로 해보죠. 출산율 감소로 우리이 피부에 가장 와닿을 이야기이기도 한데요. 청년 인력 감소가 우리 사회에 미치는 영향은 정확히 어떤 겁니까?

청년 인력은 단순히 '일하는 사람'이라고 보기에는 굉장히 특별합니다. 왜일까요? 첫째, 청년들은 가장 최근에 교육과 훈련을 받고 노동시장에 진입한 세대이기 때문에 오늘날 산업과 경제가 요구하는 기술과 역량에 가장 잘 맞는 인력입니다. 노동시장의 흐름과 변화에 맞춰 준비된 이들이라는 점에서 큰 강점을 지니죠.

둘째, 청년은 높은 학습 능력과 적응력, 지리적·직업적 이동성을 함께 갖춘 집단입니다. 노동시장의 핵심 기능 중 하나가 인력이 남는 곳에서 부족한 곳으로, 낮은 생산성 부문에서 높은 생산성 부문으로의 효율적 재배치인데, 이 기능을 가장 잘 충족시킬 수 있는 집단이 바로 청년층이에요. 새로운 산업과 직무에 빠르게 대응하고 자리를 옮겨 갈 수 있는 유연성이 높기 때문입니다.

그런데 이렇게 노동시장의 기능을 잘 충족시켜줄 청년 인구가 급감하고 있는 거죠. 향후 25년 안에 35세 미만의 경제활동인구가 현재의 절반 수준이 될 것으로 예상이 되는데요. 이것은 노동시장의 탄력성과 산업 전반의 경쟁력 약화로 이어질 가능성이 있고, 그 점이 우려가 되는 겁니다.

청년 인구가 향후 약 25년 동안 감소하는 흐름은 되돌리기 어렵습니다. 현시점에서 출산율이 다소 반등한다고 하더라도, 그 아이들이 노동시장에 진입하기까지는 20~25년이 필요하기 때문이에요. 따라서 청년 인구의 절대적 감소는 피할 수 없는 것이고, 그렇다면 핵심은 줄어든 청년 인력을 얼마나 효율적으로 활용하느냐에 달려 있습니다.

가장 중요한 것은 이들이 자기 역량을 최대한 발휘할 수 있는 분야에 적절하게 배치되는 것이고요. 이를 위해서는 교육 체계와 노동시장 구조 모두에 근본적인 변화가 필요합니다. 즉 변화하는 사회와 산업의 수요에 맞는 인재를 길러내는 방향으로 교육이 설계되어야 하고, 그렇게 배출된 청년들이 실제로 필요로 하는 부문에 신속하게 배치될 수 있도록 시스템을 만들어야 하죠.

어떤 직업군에 노동력이 부족해질까?

지금까지는 인구 감소의 전반적인 추세에 대해 살펴보았는데요. 이번에는 노동력의 구조 변화를 구체적으로 짚어보려고 합니다.
앞으로 어떤 산업이나 직종에서 사람을 구하기가 더 어려워질 거라고 보시나요? 그중 어떤 분야에 주목해야 할까요?

인구 구조 변화로 인해 전반적인 노동 공급이 '일률적'으로 감소한다고 보기는 어렵습니다. 산업별로 노동시장의 지형이 다르기 때문에 어떤 분야는 오히려 노동력이 늘어나기도 하고, 줄기도 하고요. 수요도 마찬가지입니다.

노동 인력이 부족해지는지, 반대로 남아돌게 되는지는 단순히 공급으로만 결정되는 것이 아닙니다. 궁극적으로는 기술의 변화, 산업 구조의 변화에 따라 특정 산업이나 직종에 대한 수요가 늘기도 하고 줄기도 하는데요. 이러한 수요 변화와 공급 변화가 맞물리면서 최종적으로 노동 수급의 균형이 결정됩니다.

한국의 경우, 근미래인 2031년까지 노동력 부족이 뚜렷하게 나타날 분야는 사회복지서비스업입니다. 그중에서도 준전문직군, 주로 간병인이나 요양보호사와 같이 돌봄 인력이 집중된 분야인데, 인구 고령화가 급속히 진행되면서 돌봄 수요의 폭발적인 증가가 예상이 돼요. 공급도 약간 늘긴 하지만 수요의 증가 폭이 공급을 훨씬 상회하게 되는 거죠.

또한 청년 인구의 감소에 따라 청년층 노동력이 중심이 되는 산업들에서도 인력 부족이 심화될 가능성이 큽니다. 예를 들어 출판, 영상·오디오 기록물 제작 및 배급업 등이 포함된 정보통신업이나 전문, 과학 및 기술 서비스업 등이 그러한 예에 해당합니다.

반대로 노동력이 오히려 증가하는 분야도 있습니다. 대표적인 것이 부동산업이에요. 이 분야는 40~50대 초 취업자 비중이 높고, 정년이 있거나 은퇴를 하는 그런 업종이 아닙니다. 그래서 고령화가 진행되더라도 공급 측면에서 10만 명 이상 노동력이 증가하는 변화가 나타날 수 있습니다.

단순한 정년 연장은 해법이 될 수 없다

일각에서는 고령 인력을 좀 더 적극적으로 활용한다면 인구 감소로 인한 문제를 일정 부분 완화할 수 있다는 기대도 합니다.
그런 관점에서 본다면, 정년 연장이 하나의 해법이 될 수 있지 않을까?

우선 고령 인력을 잘 활용하면 많은 문제가 해결될 가능성은 있어요. 특히 한국의 경우, 앞으로 고령층에 진입하는 인구는 과거에 비해 교육 수준과 생산성이 모두 높은 편입니다. 지금은 65세 이상 대졸 인구가 100만 명이 안 되지만, 앞으로 40년 이내에 1200만 명으로 12배가량 증가하게 돼요.

이들은 유년기에 양호한 환경에서 성장해 인지 능력이 개선되었고, 직업의 질 역시 상당히 향상된 세대입니다. 그런 점에서 공급 측면에서는 긍정적인 변화를 기대할 수 있어요. 그렇다고 해서 정년 연장을 통해 고령 인력을 충분히 활용하는 일이 가능하냐 하면, 저는 그에 대해 다소 회의적인 시각을 가지고 있습니다. 이에는 세 가지 이유가 있어요.

첫째, 한국이 당면한 노동시장의 수급 불균형은 단순히 전반적으로 사람이 부족한 것이 아니라, '특정한 분야'에서 '특정한 일'을 할 수 있는 사람이 부족한 상황입니다. 즉 일종의 분야 간, 숙련 수준 간 불균형이 훨씬 중요한데, 정년 연장이라고 하는 것은 업종이나 숙련 수준과는 무관하게 고령 고용을 전반적으로 높이는 거예요. 이런 방식은 우리가 앞으로 직면할 수급 불균형과 매치가 안 됩니다.

저희 연구에 따르면 가까운 미래에 인력이 가장 부족할 것으로 예상하는 업종은 사회복지서비스업, 운송업, 음식점 및 주점업, 전문직별 공사업 등인데, 이런 업종에서는 정년이라는 개념 자체가 중요하지 않습니다. 예컨대 요양보호사나 간병인 같은 직종에는 정년이란 게 존재하지 않죠. 따라서 정년을 연장하더라도 이렇게 인력이 부족한 분야에 실질적인 도움이 되기 어렵습니다.

둘째, 과거 정년 연장 사례를 보면, 고령자의 고용이 중소기업이 아닌 대기업과 공공 부문에 집중되었어요. 그런데 인구 변화로 인해 실제로 인력 부족이 심화되는 분야는 대부분 중소기업입니다. 이러한 불일치를 고려하면, 정년 연장을 통해 수급 불균형을 해소하는 데는 한계가 있습니다.

셋째, 가장 근본적인 문제는 정년제 자체가 나이만을 기준으로 채용 여부나 처우를 결정하는 구조라는 점입니다. 앞으로 증가할 '파워 시니어', 즉 고학력·고생산성의 고령 인력을 능동적으로 활용하기 위해서는, 단일 연령 기준이 아닌 역량 중심의 유연한 접근이 필요합니다. 그런 점에서 정년제는 오히려 고령 인력의 다양성과 가능성을 제약하는 제도일 수 있어요.

로봇도 AI도 '미스매치' 문제가 발생한다

노동력 부족 문제를 완화하기 위한 방안으로, 로봇 기술을 도입하면 좀 도움이 되지 않을까요? 빠르게 발전하고 있는 AI를 이용하는 방법도 가능할 것 같고요.

로봇이 사람의 노동을 어느 정도 대체할 수 있다면, 특히 앞으로 인력이 부족해질 것으로 예상되는 분야에 효과적으로 보급된다면 노동시장 차원에서는 분명 일정 부분 도움이 될 겁니다.

그러나 로봇이나 AI가 모든 문제를 해결할 수 있는 것은 아닙니다. 인구 변화로 인한 충격은 노동시장에만 국한되지 않고 소비·재정·사회복지 등 다양한 영역에서 나타나는데, AI가 소비를 하거나 세금을 낼 수는 없는 노릇이거든요. 그런 차원에서 보면, 기술만으로 인구 감소에 따른 구조적인 문제를 해결하기는 어렵다고 할 수 있습니다.

노동시장 내에서도 미스매치 문제가 발생할 가능성이 있

습니다. AI 기술이나 로봇 기술은 주로 미국이나 유럽 등 서구 선진국에서 주도하고 있기 때문에, 이 기술이 한국에서 실제로 인력이 부족한 분야에 적절히 투입될 수 있을지에 대해서는 의문이에요. 오히려 청년들이 일자리를 얻고 싶어 하는 분야에 기술이 먼저 도입되어서 청년 고용을 잠식하게 되고, 정작 인력이 부족한 분야에는 기술이 제대로 확산되지 않는 이중적 문제가 발생할 우려도 존재합니다.

외국 근로자에게 한국은 매력적인 국가인가

그렇다면 외국 인력을 확대하는 방식은 어떻습니까? 지금도 농업과 제조업 분야에서 외국인 근로자는 필수인 상황인데요.

외국인 근로자를 적절히 유입시키는 것은 노동 수급 불균형을 해소하는 데 많은 도움이 되겠죠. 특히 가까운 미래에 특정 분야에서 특정한 일을 수행할 인력이 부족해질 경우, 이를 내국인으로만 해결하기에는 상당한 시간이 소요됩니다. 이런 점에서 외국인 노동력은 실질적인 대안이 될 수 있어요.

다만 효과적인 인력 수급을 위해서는 어떤 산업에서, 어떤 숙련도를 갖춘 외국인이 필요한지 명확히 파악하고, 그에 맞춰 이들을 유치하는 전략이 있어야 해요. 현재는 주로 내국인이 기피하는 3D업종 위주로 비숙련 인력이 유입되고 있는 실정입니다. 하지만 앞으로는 더 다양한 업종에서, 다양한 숙련도를 갖춘 인력이 부족해질 가능성이 크기 때문에, 현재의 외국 인력 유입 방식은 한계가 있을 수밖에 없습니다.

또 외국 인력을 둘러싼 국제적인 경쟁도 심화되고 있습니다. 일본, 대만, 싱가포르 등 아시아 주요국과 인력 유치 경쟁을 벌이고 있는 상황에서, 한국이 과연 충분한 매력과 경쟁력을 갖추고 있는지도 고민해야 합니다. 더 근본적인 문제는 외국인 근로자를 공급해왔던 국가들, 예를 들어 베트남이나 필리핀, 인도네시아 등도 경제가 성장하고 있고, 인구 구조도 변하고 있다는 건데요.

한국도 1960~1970년대에는 노동력을 해외로 송출하던 국가였지만, 경제구조의 변화와 함께 1980년대부터는 외국 인력을 유치하는 국가로 전환되었습니다. 그런데 이러한 변화가 이제는 한국에 인력을 공급해온 송출국들에서도 진행되고 있는 거죠. 예를 들어 베트남은 현재 한국의 주요 인력 송출국 중 하나지만, 향후 10년 이내에 평균 임금이 한국의 절반 수준에 도달할 것으로 전망되고 있습니다. 그렇게 되면 한국으로 노동력을 내보낼 유인이 급감할 수밖에 없어요.

필리핀, 인도네시아, 베트남 등 다수의 아시아 국가도 출산율이 2.0명 이하로 하락하고 있습니다. 머지않아 이들 국가 역시 고령화와 노동력 부족 문제를 겪게 될 것이기에, 결국 한국처럼 외국 인력을 필요로 하는 입장에 놓일 수 있어요. 과거처럼 단순히 문을 열어둔다고 해서 자동적으로 외국 인력이 유입될 것이라는 기대는 이제 더 이상 유효하지 않습니다.

더욱이 외국 인력에 과도하게 의존한 특정 핵심 분야에 노동력 공급이 갑작스럽게 중단될 경우, 산업 전체가 심각한 충격을 받을 수 있습니다. 내국인의 공급 시스템 자체가 와해될 수 있기 때문이에요. 영국의 사례를 보면, 간호 분야에서 외국 인력 의존도가 지나치게 높았던 결과, 공급이 끊기자 대체 인력을 마련하지 못해 큰 혼란이 초래된 바 있습니다.

> 교수님 말씀을 들어보니, 다른 나라들도 외국 인력 확보에 나서고 있는 데다 갑자기 공급이 끊기면 산업 전체가 흔들릴 수 있다는 우려도 드는데요.
> 그렇다면 우리 사회가 외국인 근로자를 안정적으로 받아들이려면 어떤 노력이 필요할까요?

두 가지 방향에서 접근할 필요가 있다고 생각해요. 첫째는 한국이 외국인 근로자에게 '매력' 있는 국가가 되어야 합니다. 현재 한국은 비교적 높은 임금 수준으로 알려져 있지만, 이는 노동 규제가 다소 낮고 초과근무나 장시간 노동을 통해 소득을 얻는 구조에서 비롯된 것이기도 하거든요. 이런 구조가 언제까지 지속 가능할지는 확신할 수 없으니, 장기적으로는 외국인이 체류하기에 삶의 질이 높은 사회, 인권과 처우가 보장되는 사회로의 전환이 필요합니다.

둘째는 현행 외국인 고용 시스템의 근본적인 개선입니다. 지금은 외국인이 몇 년 일하고 떠나는 구조인데, 이는 지속 가능성이 적습니다. 정말로 필요한 외국인 인재라면 장기 체류가 가능해야 하고, 가족도 데려올 수 있어야 하고, 영주권도 취득해서 한국에 거주할 수 있는 길도 열어줘야 합니다. 그런다면 더 역량 있는 분들이 한국에 안정적으로 머무르면서 한국 경제에 공헌할 수 있는 구조로 바뀔 거라고 생각해요.

고령화를 위해선 의대 정원 증원이 필요하지만…

인구 변화하고도 연관이 있는, 최근 정치권을 뒤흔들었던 정책이 하나 있습니다. 앞서 의료·돌봄 분야의 인력 부족 문제를 지적해주셨는데요.
의료계의 강한 반발로 의대 정원 2000명 증원안이 사실상 원점으로 돌아간 상황입니다. 이 정책에 대해서 어떻게 평가하세요?

전반적인 방향성은 어느 정도 맞다고 생각해요. 다만 이러한 정책을 추진하기 위해서는 장기적인 시계를 가지고, 유연하게 사고하고, 세밀하게 들여다보고 판단을 해야 하는데, 이번 정책에서는 그 점이 상당히 부족했다고 봅니다.

의대 정원 확대의 방향성이 맞다고 보는 이유는, 인구 구조 변화에는 두 가지 면이 있기 때문입니다. 한편으로는 인구 고령화가 진행되고, 다른 한편으로는 전체 인구가 줄어드는 이중적 변화가 동시에 일어나죠. 고령화는 병원을 찾는 고령 환자의 증가로 인해 의료 수요를 증가시키는 요인이고, 반대로 인구 감소는 전반적인 의료 수요를 줄이는 요인입니다. 그런데 앞으로 약 25년간은 인구 고령화에 따른 수요 증가가 인구 감소에 따른 수요 감소를 압도하게 됩니다.

즉 기준 시점을 2019년 코로나19 팬데믹 전후로 잡았을 때, 그 시기의 의사 1인당 업무량을 유지하려면 향후 의사 수를 늘릴 수밖에 없는 구조가 됩니다. 반면 2050년경부터는 오히려 의료 수요가 감소하므로, 그때부터는 의사 수를 조절해나가야 할 필요가 있어요.

2019년을 기준으로 특정 연령대의 병원 이용 횟수가 고정된다고 가정할 경우, 2050년까지는 약 2만 2000명의 의사가 추가로 있어야 의사 1인의 업무량을 유지할 수 있습니다. 2035년까지는 1만 명이 더 필요하고요. 정부가 제시한 2000명 증원안은 이 1만 명 부족 추계에 기반해서, 5년간 매년 2000명씩 늘리는 방식으로 계획한 겁니다.

그러나 저희는 보고서를 통해 의사 정원을 매년 5%씩 점진적으로 확대하자고 제안한 바 있습니다. 그 이유는 두 가지인데, 첫째는 의사 수요에 대한 추계가 다양한 가변적 가정에 기반하고 있기 때문입니다. 즉 매년 특정 나이대의 사람들이 병원에 몇 번 방문하는지 그 횟수는 의료 기술의 발전이나 의료 제도의 변화, 개인의 건강 상태에 영향을 받고, 그에 따라 달라질 수 있습니다. 따라서 지속적인 모니터링을 통해서 의사 수요를 재조정해야 해요.

예를 들어 고학력화가 진행될수록 건강 수준이 높아지고 병원 방문이 줄어들 수 있습니다. 이 경우 실제로는 2035년에 1만 명이 아니라 3000명의 의사만 추가로 필요할 수 있어요. 이런 수요 추계의 불확실성을 고려하면 계속 조정을 해나가야 하는데, 의대 정원을 단기간에 급격히 늘리는 방식은 향후 재조정이 불가능한 면이 있죠.

둘째는 설령 1만 명이 필요하다고 하더라도, 현재의 의학 교육 여건으로는 이를 단기간에 수용하기가 어렵습니다. 갑작스러운 정원 증가는 교육의 질을 떨어뜨릴 수 있고, 무엇보다 현재 의대생과 전공의 등 이해 당사자들에게 직접적인 피해를 주게 되죠. 그래서 심각한 반발이 터져 나오는 것이고요.

이러한 점들을 종합적으로 고려했을 때, 의대 정원 증원은 세심하게 계획하고 점진적으로 조정해나가는 방식이 더 긍정적이지 않았을까 생각합니다.

지금까지 저출산 정책은 '중산층 기혼'에만 효과가 있었다

지금까지 한국 정부가 저출산 관련해서 상당한 돈과 인력을 투입해왔잖아요. 2024년 기준 17년간 280조 원이 들어갔습니다.
대부분 출산지원금이나 다자녀 혜택 등 현금 지원이었는데, 이런 저출산 정책 정말 실효가 있었습니까?

한마디로 말씀드리면, 지금까지의 저출산 대책은 주로 기혼 가구를 대상으로, 아이를 출산할 때 드는 금전적 비용이나 기회비용을 완화하는 데 초점이 맞춰져 있었고, 그나마도 중상위층에 집중되어 있었어요. 일정 수준 이상의 지원만으로 출산 결정을 유도할 수 있는 계층에게만 정책 효과가 국한되어 있었던 셈입니다. 앞으로 출산율을 실질적으로 높이기 위해서는 세 가지 방향의 변화가 필요합니다.

첫째, 지금까지 정책 혜택이 도달하지 못했던 소득 하위층에 대한 지원 확대입니다. 현재의 지원 수준으로는 소득 하위층이 출산을 결정하기가 어려운 게 현실이에요. 실제 분석을 보면, 정부 지원의 효과는 소득 4분위, 즉 상위 60~80%에서만 일부 나타나거든요. 이들의 출산율은 소득 1분위, 즉 하위 20%에 비해 2배 가까이 높은 상황입니다. 그래서 소득 하위 계층의 출산율을 높이지 않고서는 구조적인 개선이 어렵습니다.

둘째, 현재 정책은 주로 결혼한 사람들을 대상으로 하고 있어요. 그런데 한국에서 출산율이 급격히 하락한 주된 원인은 결혼 자체가 줄어들었기 때문입니다. 많은 청년이 결혼할 수 있도록 사회적·경제적인 여건을 개선하는 노력에도 힘을 써야 됩니다.

셋째, 단순히 출산 비용을 줄이는 접근을 넘어서서, 아예 그 비용을 높이는 구조적 요인들을 바꾸는 근본적인 정책이 필요합니다. 지금처럼 노동시장의 불평등, 교육 경쟁, 주거 문제 등 아이를 키우는 데 따르는 근본적인 부담을 그대로 둔 채, 비용을 일정 부분 보전해주는 방식만으로는 충분한 효과를 기대하기 어렵습니다.

'사람 보는 사회'가 문제 해결의 출발점

마지막 질문입니다. 앞으로 대한민국은 인구 변화라는 큰 흐름 속에서 어떤 방향으로 '리부트'되어야 한다고 보십니까? 우리 사회에 어떤 변화가 필요할까요?

사람이 줄어들고 부족한 사회에서는 모든 사람이 귀한 존재로 대접을 받고, 어떤 사람의 역량도 낭비되지 않는 그런 사회가 되는 것이 바람직하다고 생각하고요.

그러기 위해서는 첫 번째로 '사람을 보는 사회'가 되어야 합니다. 나이·성별·출신이 아니라 개인의 잠재력과 능력에 기초해서 평가하고 기회를 부여하는 구조가 자리 잡아야 해요. 누구든 자신의 역량을 온전히 발휘할 수 있도록 보장받는 사회, 단 한 사람도 낭비되지 않는 사회를 지향해야 합니다.

또 그 사람이 가지고 있는 자체의 역량이라든가 잠재력 등을 보고 개인을 평가하고, 그 사람을 어디에 쓸지, 어떻게 쓸지, 어떻게 처우할지를 결정하는 사회가 되어야 낭비가 없을 거라고 생각해요. 그것이 인구 감소 시대에 가장 효율적인 사회 시스템입니다.

두 번째는 '사람에 맞추는 사회'로의 전환입니다. 지금까지는 개인이 기존의 일자리 기준에 자신을 맞춰야 했기 때문에, 일정 기준에 미치지 못하면 아예 노동시장에 진입할 기회조차 갖기 어려웠습니다. 앞으로는 일자리 자체가 개인의 능력과 잠재력에 맞춰 설계되고 배치되는 방식으로 변화해야 합니다.

세 번째는 '거듭 기회를 주는 사회'입니다. 한 번의 실패나 기준 미달이 곧 사회적 배제나 낙오로 이어지는 구조에서는 개인의 잠재력을 끝까지 끌어내기 어려워요. 기회가 반복적으로 주어져야 이를 통해 자기에게 가장 적합한 역할과 자리를 찾아갈 수 있습니다.

　마지막으로 '사람을 보호하는 사회'로 나아가는 것 역시 중요합니다. 이것은 단지 복지를 강화하자는 의미가 아니라, 사회 전체가 한 사람도 낭비하지 않도록 설계되어야 한다는 뜻입니다. 인구가 줄어드는 사회일수록, 존재하는 모든 사람이 그 가능성을 존중받고 최대한 활용되어야 지속 가능한 미래가 열릴 수 있습니다. ●

30년 후 대한민국은 거대한 도시국가가 된다

▶ ▶ ▶

마강래

중앙대학교 응용통계학과를 졸업하고 서울대학교 도시 및 지역계획학 석사학위, 런던대학교 도시계획학 박사학위를 취득했다. 한국교통연구원 책임연구원을 거쳐 현재는 중앙대학교 도시계획/부동산학과 교수로 재직 중이다. 도시재생과 인구 구조 변화, 지방 분권, 부동산 등 국토의 균형 있는 발전을 위한 다양한 정책을 폭넓게 연구하고 있다. 대표 저서로《베이비부머가 떠나야 모두가 산다》《지방분권이 지방을 망친다》《지방도시 살생부》《부동산, 누구에게나 공평한 불행》《지위경쟁사회》가 있다.

"대한민국 전체가 30년 후엔
 하나의 '도시국가'처럼
 기능하게 될 거라고 봅니다.

 교통 기술의 발전 속도를 보면,
 이제는 전 국토를 하나의 도시국가로 상정하고
 도시계획을 수립해야 할 시점에
 와 있습니다."

REBOOT

수도권에 인구와 자원이 극단적으로 집중된 지금, 지방은 점점 '사라지는 중'이다. 하지만 이 위기를 단순한 소멸의 문제가 아니라, 국가 생존의 전략으로 다시 묻는다면 우리는 어디서부터 다시 시작해야 할까? 도시계획 전문가 마강래 교수는 수도권 쏠림이 만들어낸 기형적 국토 구조를 진단하며, 베이비부머의 귀향 흐름에 주목한다. 청년이 떠난 지방에 중년이 돌아오고 있는 지금, 이 움직임을 지역 회복의 기회로 삼을 수 있을까? 지방 소멸과 청년 유출, 공공기관 이전과 메가시티 전략, 낡은 균형발전의 언어를 넘어서는 국토 비전은 가능한가? 지금, 국토의 리부트는 어떤 순서로 시작되어야 하는가?

리부트 대한민국

서울, 어쩌다 '인구 블랙홀'이 됐나

대한민국이 아니라 '서울민국'이라는 말이 괜히 나온 게 아니라고들 합니다. 수도권에 인구와 자원이 지나치게 집중된 현상, 그 기형적 구조는 이미 세계 최고 수준에 이르렀는데요.
인구의 절반 이상이 수도권에 몰려 있는 이 쏠림 현상은 언제, 어떤 선택의 결과로 보편화된 걸까요?

먼저 간단한 통계부터 말씀을 드리면, 수도권은 국토의 12%에 불과하지만, 인구의 절반 이상과 대기업 본사의 70% 이상이 몰려 있습니다. 이는 일본이나 프랑스와 비교해도 훨씬 더 극단적인 쏠림 현상이에요. 예를 들어 일본 도쿄권은 인구의 30% 이하, 프랑스 파리권은 20% 이하 수준에 그칩니다. 우리나라의 쏠림 현상이 극단적인 수준인 거죠.
　왜 이런 현상이 생겼는지는 역사적인 맥락을 함께 봐야

합니다. 한국은 과거에 매우 가난했던 나라였고, 1960~1970년대에 걸쳐 매우 빠르고 압축적인 성장을 했습니다. 이 시기에는 '선택과 집중'을 통한 거점 도시 개발이 필수적이었죠. 그래서 포항, 구미, 울산, 창원 같은 도시들이 산업도시로 지정되어 발전했고, 서울은 그중에서도 금융 기업, 대기업 본사 등을 중심으로 질 높은 일자리를 흡수하면서 거점 중의 거점이 되었습니다. 제조업들도 일자리의 질이 좋았죠.

그런데 이렇게 서울의 위상이 높아지면서 국토의 불균형은 더욱 심화됐어요. 결정적인 계기가 된 것이 바로 1986년 서울 아시안게임과 1988년 서울 올림픽이었습니다. 당시 서울은 국내외에서 집중적으로 주목을 받았고, 그때부터 이미 서울 집중 현상이 심각하다는 지적이 이어졌지만, 그럼에도 농촌 인구는 계속 서울로 쏠리기 시작했습니다. 간단한 통계만 보더라도, 1970년 서울 인구는 500만 명 정도였는데, 1988년 올림픽이 열릴 무렵에는 1000만 명을 넘겼습니다. 불과 20년도 안 되는 짧은 기간에 인구가 2배로 불어난 것입니다.

인구가 이렇게 급격히 몰리면 어떤 일이 벌어지느냐 하면, 당연히 집값이 폭등하게 됩니다. 게다가 1986년부터 1988년은 '3저 호황(저유가·저달러·저금리 현상)' 시기로, 경제적으로도 대규모 자금이 풀려 유동성이 시장에 넘쳐났습니다. 결국 돈이 갈 곳을 잃고 부동산으로 몰리면서 서울 집값은 급등했고, 그로 인해 1기 신도시 건설 정책이 시작되었던 겁니다.

현재 서울 인구는 1000만 명이 안 되고, 점점 줄어드는 추세인데, 1980년대에 이미 서울 인구가 1000만 명이 넘었다니 좀 놀라운데요. 그런 배경에서 분당이나 일산 같은 1기 신도시들이 서울 인구를 분산시키는 역할을 한 거로군요.

맞습니다. 노태우 정부 때 성남시 분당, 고양시 일산, 군포시 산본, 부천시 중동, 안양시 평촌까지 총 5개의 1기 신도시가 조성됐고, 이후 2기, 3기 신도시까지 이어졌습니다.

만약 서울 외곽에 신도시를 마련하지 않았다면, 오늘날 서울 아파트 평균 가격은 30억, 40억 원을 넘겼을지도 모릅니다. 인구와 수요가 계속해서 서울로 쏠리는 상황에서, 이를 분산시키기 위한 유일한 해법이 외곽의 신도시 개발이었던 거죠. 그렇게 외곽에 도시를 만들었는데, 그곳에 거주하는 분들은 직장이 서울에 있으니 그에 따라 광역 교통망도 본격적으로 구축됐어요. 결과적으로 수도권은 서울·경기·인천이 엮인 하나의 기능적 도시, 곧 '원시티one city' 개념으로 진화하게 됩니다.

문제는 이 원시티가 너무도 강력한 흡인력을 가지게 되었다는 점입니다. 규모가 크고, 인프라와 산업이 집중되다 보니 인구와 기업이 계속해서 수도권으로 몰려들고 있습니다. 수도권 쏠림 현상이 매우 극단적임에도 불구하고, 그 흐름은 지금 이 순간에도 멈추지 않고 있습니다.

지방소멸, 골든타임은 지났나

수도권이 거대한 도시로 진화하는 동안, 상대적으로 지방은 인구와 산업, 자원을 점점 더 빼앗기면서 소멸의 경계에 서게 되었는데요.
교수님 보시기에, 지금 이 시점에서 지방이 처한 현실은 어느 정도의 위기 수준입니까? 되돌리기 어려운 지점까지 온 건가요?

지방이 위기다, 소멸 위기다 하고 이야기할 때마다 지방소멸지수나 관련 지표들이 언급되지 않습니까? 실제로 지방소멸 관련 보고서를 보면 시·군·구의 약 40%가 30년 내 소멸 위험 지역으로 분류되고, 인구가 사라질 수 있다고 경고하고 있습니다.

물론 물리적 공간이 사라지는 건 아니지만, 인구가 없어진다는 건 그만큼 지역의 '기능'이 상실된다는 뜻입니다. 결국 숫자상의 시뮬레이션일 뿐이라고 할 수도 있겠지만, 지금 우리에게는 분명 선택의 문제가 남아 있습니다. 인구는 줄고, 성장률은 낮아지고, 수도권의 위상은 더 높아지는데, 지방은 더욱 어려워질 가능성이 큽니다.

그렇다면 우리는 이제 정말로 결정해야 합니다. 인구가 희소해지는 지역, 기능이 약화되는 공간에 대해 어떤 전략을 세울 것인지 말이죠. 지방을 어떤 관점으로 바라보고, 공간 정책을 어떻게 가져갈 것인지 근본적인 판단이 필요한 시점이에요.

> 사실 농촌이나 어촌 지역의 인구가 줄어든다는 것은 이해되는 측면이 있습니다만, 대한민국 제2의 도시인 부산조차도 '노인과 바다'라는 우스갯소리를 할 만큼 인구 감소와 고령화 문제에 직면해 있습니다.
> 관광지와 항만, 고층 빌딩이 밀집된 도시인데도 인구가 빠져나간다는 게 의외인데요. 청년들이 일자리를 찾아 수도권으로 떠나는 흐름이 부산에서도 뚜렷하게 나타나는 이유가 뭘까요?

그 이면에는 청년층의 대규모 유출이라는 구조적인 문제가 자리하고 있어요. 실제로 청년들을 만나 인터뷰해보면, 첫째로는 좋은 일자리가 부족하고, 둘째로는 교육 문제를 이유로 꼽습니다. 그런데 이 두 가지는 결국 연결되어 있거든요. 청년들이 선호하는 양질의 일자리, 미래를 기대할 수 있는 급여가 보장된 직장들이 대부분 수도권, 그중에서도 서울 일부 지역에 몰려 있기 때문에 결국 청년들의 이동은 선택이 아니라 구조적 필연에 가깝다고 볼 수 있습니다. 이런 문제로 부산도 소멸의 방향으로 움직이고 있는 상황이에요.

왜 '균형발전'은
'국가 생존 전략'인가?

이재명 대통령은 '균형발전은 지역이나 지방에 대한 배려나 시혜가 아닌 국가의 생존을 위한 전략'이라고 말한 바 있습니다.
교수님은 현 정부의 지방 정책 가운데 어느 지점에 가장 주목하고 계십니까? 가능성과 한계를 어떻게 평가하시는지도 궁금합니다.

이재명 대통령의 발언에 전적으로 공감합니다. 이것은 특정 지역에 대한 배려 차원이 아니라, 대한민국 전체를 위한 생존 전략이에요. 그냥 지역을 위해서 우리가 무엇인가를 해야 한다는 차원이 아니라 좀 더 거시적인 차원에서 볼 필요가 있습니다.

다만 아쉬운 점도 있습니다. 최근 해양수산부나 일부 공공기관의 이전 논의가 다시 제기되고 있는데, 사실 수도권에 남아 있을 이유가 없는 공공기관이 여전히 많이 존재합니다. 노무현 정부 때 1차로 공공기관을 이전하면서, 당시 약 150여 개 공공기관이 혁신도시나 행정중심복합도시로 옮겨졌지만, 그 이후 후속 논의가 충분히 이어지지 못했습니다. 현재 국토교통부에서 진행하고 있는 2차 공공기관 이전에 대한 연구는 10월에 발표될 텐데, 앞으로도 100개가 넘는 공공기관을 이전함으로써 지역을 발전시켜야 되지 않느냐는 목소리는 계속 나올 거예요.

그런데 이런 상황에서 저희가 조금 더 염두에 둬야 할 사실이 있습니다. 지금이야말로 '우리가 국토 전체에 대한 큰 그림을 그리고 있는가?', '우리 국토는 어떻게 가야 하는가?'라는 질문을 던져야 할 시점이라는 거죠. 일단 큰 그림 중에 정말 기본이 되는 것, 즉 '5극 3특' 전략을 정부가 제시한 상황입니다.

'5극 3특'을 설명하자면, 5극은 5개의 초광역권으로 '수도권', 부산·울산·경남을 중심으로 하는 '동남권', 대구·경북 지방을 아우르는 '대경권', 충청 지역의 '중부권', 전남 지역의 '호남권'을 말합니다. 3특은 3개의 특별자치도인데, 제주특별자치도, 강원특별자치도, 전북특별자치도를 뜻하고요. 이 5극 3특은 메가시티 전략의 기본 뼈대라고 할 수 있습니다. 문제는 그 틀 안에서 우리가 실제로 '산업 생태계'를 잘 만들어야 한다는 거예요.

청년들이 부산을 떠나는 가장 큰 이유는 일자리가 없기 때문이고, 이는 곧 지역의 산업 생태계가 무너지고 있다는 뜻입니다. 결국 이 전략이 효과를 내려면, 단순한 공간 배치에 그칠 것이 아니라, 어느 지역에 어떤 산업을 구축할지에 대한 구체적인 특화 전략이 따라야 해요. 하지만 지금은 그 핵심 설계에 대한 공감대조차 형성이 안 되고 있습니다.

공공기관 이전에도 큰 그림이 필요하다

공공기관 이전이나 메가시티 구상 자체는 긍정적이지만, 그 추진 방식이 국토 전체를 아우르는 큰 그림 없이 중구난방으로 진행되고 있다는 말씀이신가요?

전반적으로 이러한 방식이 점점 강화될까 봐 우려가 되는 측면이 있습니다. 예를 들어 산업은행이나 해양수산부를 지방으로 이전하겠다는 논의가 나올 때, 개인적으로는 부산이 적합하다고 판단할 수도 있지만, 다른 지역에서는 "그게 어떤 기준이냐, 이번에는 우리 차례 아니냐"는 반발이 생길 수 있어요.

지금 수도권에 남아 있는 공공기관이 100개가 넘는 상황에서 이를 하나씩 개별적으로 이전하게 되면, 쉽게 말해 '다음은 목포, 그다음은 광주, 다음엔 대구' 식으로 순차적인 접근을 한다면 지역 간 갈등이 불가피해집니다. 이런 갈등은 단순한 정책 논의를 넘어 사회적 비용을 급격히 증대시키는 요인이 되고요. 그렇기 때문에 우리는 국토 전체를 아우르는 거시적이고 일관된 전략, 즉 큰 그림을 바탕으로 공공기관 이전 문제를 한 번에 통합적으로 풀어내는 접근이 필요합니다.

그 과정에서 무엇보다 중요한 기준은 해당 지역에 청년들이 선호할 만한 양질의 일자리를 실질적으로 창출할 수 있는가 입니다. 공공기관 이전의 궁극적인 목적 역시 지역 활성화와 청년 인구의 정착에 있어야 하고, 이것이 단순한 물리적 분산이 아니라 산업 생태계와 고용 구조에 실질적인 영향을 줄 수 있어야 해요. 이 점이 정책 판단에서 목적 함수의 종속 변수로 작동해야 합니다.

<blockquote>예를 들어 산업은행이나 해양수산부가 부산 지역으로 이전한다고 했을 때, 부산·경남 지역의 청년들이 원하는 일자리가 만들어질 수 있느냐가 핵심이 되어야 한다는 거죠?</blockquote>

1차 공공기관 이전은 굉장히 의미 있는 시도였습니다. 하지만 이전한 공공기관에 재직하는 사람들의 입에서 가장 많이 나왔던 말은 다름 아닌 "외롭다"는 이야기였어요. 지역으로 이전한 공공기관의 구성원들이 외로움을 느낄 정도로 고립되어 있었던 거죠. 외로운 사람들이 어떻게 혁신을 하겠습니까.

혁신도시는 단지 기관만 이전시키는 것으로 충분하지 않습니다. 공공기관은 반드시 기업과 연결되고, 지방자치단체와도 긴밀히 협력하면서 지역의 산업 생태계 안에 자연스럽게 녹아들 수 있어야 해요. 1차 이전 과정에서는 이러한 유기적인 연결과 통합이 충분히 이루어지지 못했고, 그것이 가장 아쉬운 지점으로 남습니다.

"이전한 공공기관에 재직하는
사람들의 입에서
가장 많이 나왔던 말은 다름 아닌
"외롭다"는 이야기였어요.

지역으로 이전한 공공기관의 구성원들이
외로움을 느낄 정도로 고립되어 있었던 거죠.
외로운 사람들이
어떻게 혁신을 하겠습니까."

국민연금공단을 예로 들면, 국민연금공단이 전주에 이전함으로써 그 지역 청년들을 위한 일자리가 창출됐는가 하는 점이 평가 기준이 되어야 한다는 말씀이신가요?

그것보다 훨씬 더 정교하고 본질적인 질문이 필요합니다. 국민연금공단이란 기관은 어떤 역할을 하는가? 어떤 산업 네트워크를 갖고 있는가? 그리고 그 네트워크가 전주라는 지역에 과연 기본적으로 형성되어 있는가? 하는 근본적인 질문을 던져야죠.

그래서 국민연금공단에 근무하는 사람들이 실제로 어떤 업무를 수행하고, 그 업무가 지역의 기업들과 어떻게 연결될 수 있으며, 전주와 전북이라는 지역 전체에 어떤 식의 실질적인 기여를 할 수 있는지를 구체적으로 설명할 수 있을 때, 그 이전이 의미 있다고 평가할 수 있습니다. 그런 방식으로 큰 그림을 그려서 전 국토를 대상으로 한 번에 확대 실시해야 하고요.

메가시티 시나리오, 성공하려면?

그 큰 그림을 한 번에 그리기 위해서 여야를 막론하고 '메가시티 구상'이 반복적으로 제안되어 왔습니다.

이재명 대통령도 강조했고, 진보·보수 정당 모두가 특히 부울경 메가시티를 선거의 핵심 전략으로 내세운 바 있는데요. 이러한 메가시티 구상, 어떻게 평가하십니까? 실현 가능성과 한계, 그리고 추진 방식에 대한 교수님의 관점이 궁금합니다.

메가시티에 대해선 오해하는 사람들이 많습니다. 일단 개념 정리부터 해보죠. 일부에서는 "어디에 또 공룡 도시를 만들어서 농어촌을 소외시키는 것 아니냐"는 우려도 하지만, 그런 개념이 아닙니다. 메가시티는 단순히 하나의 거대한 도시를 짓자는 뜻이 아니라, 초광역권 전략, 즉 공간을 넓게 보고, 기존의 도시와 농어촌을 '압축'하고 '엮어서' 하나의 기능적 단위로 재설계하자는 접근입니다.

과거에는 기초자치단체 단위로 의사결정이 이루어졌고, 균형발전 역시 그 수준에서 논의되었습니다. 하지만 초광역권 메가시티는 큰 거점, 중간 거점, 농어촌의 작은 거점까지 모두 포함해 하나의 네트워크로 엮는 개념입니다.

즉 줄어드는 인구를 고려해 공간을 압축하고, 동시에 각 거점 사이를 유기적으로 연계해서, 전체가 하나의 도시처럼 작동하도록 만드는 것이 바로 메가시티 전략입니다. 수도권처럼 촘촘하게 연결된 기능적 권역을 비수도권에도 구축하자는 거죠. 거점 대도시만 더 키우자는 취지가 아닙니다.

서울은 성남이나 용인 같은 위성도시들과 생활권이 자연스럽게 연결되어 있잖아요.
그런 것처럼 부산도 양산, 울주, 김해 같은 인접 지역들과 기능적으로 묶어서 하나의 유기적인 도시권으로 만들어야 한다는 말씀이신가요?

'기능적'으로 엮여야 합니다. 서울과 수도권은 이미 그렇게 구성되어 있습니다. 예를 들어, 용인이나 분당에 사는 사람들조차 자신을 '서울 사람'이라고 인식합니다. 왜냐하면 생활권·교통·경제활동 면에서 이미 서울과 기능적으로 연결되어 있기 때문이죠. 반면 김해 사람은 김해 사람이고, 양산 사람은 양산 사람입니다. 아직까지는 정서적으로도, 기능적으로도 각각 분리된 생활권에 머물러 있는 셈입니다. 결국 이런 구조에서는 경쟁력이 떨어질 수밖에 없습니다.

서울은 네트워크가 촘촘하게 구성된 강력한 거점이고, 기업 활동도 그 안에서 집중적으로 이루어집니다. 청년과 혁신 인재들이 몰리는 이유도 여기에 있습니다. 땅값이 비싸도 기업이 서울을 선택하는 이유는, 오늘날처럼 아이디어가 경쟁력을 좌우하는 시대엔 인재와 네트워크가 곧 입지의 가치이기 때문이에요. 그런데 지방에는 이러한 조건을 갖춘 공간 자체가 존재하지 않거나 매우 부족합니다. 이런 상황에서 수도권과 어떻게 경쟁할 수 있겠습니까?

5극 3특, '남'이었던 지역을 '우리'로

그렇다면 김해나 양산 시민도 스스로를 '부산 사람'이라고 여길 수 있도록 지역을 연결해야 부울경 메가시티 구상이 성공할 수 있다는 말씀이잖아요.
그런데 여러 지역과 사람을 하나로 만든다는 게 가능한 일인가요?

핵심은 연계와 협력입니다. 현재의 지방 행정 체제는 협업이 매우 어려운 구조입니다. 예를 들어, 옆 기초자치단체가 잘되면 그 옆 기초자치단체장 입장에선 오히려 정치적으로 불리할 수 있고, 선거 때는 "왜 우리 지역은 철도도 안 지나가냐"는 말이 나옵니다. 우리는 협업하기 굉장히 어려운 행정 체제를 갖고 있어요. 이처럼 각 기초자치단체가 경쟁 관계로 남아 있는 한, 공동의 전략은 작동하기 어렵습니다. 그래서 '남'이었던 지역을 '우리'로 만들기 위한 광역적 관점의 재편이 필요합니다.

이를 가능케 하는 첫 번째 조건은 '교통망'입니다. 단순히 소규모 연결이 아닌, 광역 단위의 대규모 교통 인프라를 구축해서 네트워크의 덩어리를 형성해야 합니다. 그러나 이마저도 연계 협력 없이는 불가능합니다. 그리고 이 네트워크는 단순히 길을 잇는 것이 아니라, 산업 생태계를 고려한 설계여야 해요. 특히 중요한 것은, 청년들이 선호하는 4차 산업혁명 시대에 적응

가능한 양질의 일자리를 만들 수 있느냐입니다. 이 점이 정책의 목적 함수에 종속된 가장 결정적인 변수예요.

지금 우리는 중간 단계로서 '특별지방자치단체'라는 제도적 장치를 마련했어요. 충청권에서 첫 출발을 했는데, 이 광역 연합은 옥상옥屋上屋으로 지자체를 하나 더 만드는 것이 아닙니다. 특별지방자치단체는 광역 협력 사업들, 즉 인프라·문화·교육 등을 공동으로 실행할 수 있는 실질적인 틀을 만드는 거예요.

궁극적으로는 대한민국 전체가 30년 후엔 하나의 '도시국가'처럼 기능하게 될 거라고 봅니다. 교통 기술의 발전 속도를 보면, 이제는 전 국토를 하나의 도시국가로 상정하고 도시계획을 수립해야 하는 시점에 와 있습니다. 이를 실현하기 위해서는 중간 단계에서 행정구역 통합이 필수적입니다.

현재 정부가 제시한 '5극 3특'은 국토를 바라보는 공간 전략의 틀입니다. 전국을 8개의 광역권, 또는 초광역권 단위로 나누어서, 이들 권역 간의 네트워크를 유기적으로 연결해 하나의 도시처럼 작동하는 구조를 만드는 거죠. 시간이 지나면 이 8개 권역이 4개로, 또다시 2개로 통합되는 식의 점진적인 구조 재편이 이루어질 겁니다. 저는 30년에서 40년 이내에 국토가 2개의 거대한 구역으로 나뉘어 각각 북반구와 남반구처럼 기능하는 양분된 형태의 도시국가로 진화할 가능성이 크다고 보고 있습니다.

예를 들어 수도권은 강원도와 충청권까지 흡수하는 거대

한 기능권으로 확장되고, 그 아래로는 대경권, 호남권, 제주권이 하나의 권역으로 통합되어 이원화된, 그러나 유기적으로 연결된 하나의 도시국가 체계를 이룰 가능성이 큽니다.

현재의 기초자치단체 구성은 공멸로 가는 길

교수님께서는 최근 '지방분권'이나 '균형발전'이라는 표현은 조심해야 할 말이라고 경고하신 바 있는데요.
지역 발전을 위한 담론에서 흔히 쓰이는 용어들인데, 이를 경계하신 이유는 무엇인가요?

균형발전이나 지방분권이라는 말이 익숙하긴 하지만, 이제는 그 개념을 재검토해야 할 때라고 생각합니다.

기초자치단체가 226개나 되니, 흔히들 각각의 지자체가 균형발전의 단위라고 생각하지만, 그 전제가 더 이상 유효하지 않다는 인식이 점점 강해지고 있습니다. 지금 수도권은 서울·경기·인천이 하나의 거대한 기능권으로 묶여 있는데, 국토 면적의 12%에 불과한 이 지역이 전체 국가 기능의 중심을 담당하고 있어요. 그런데 비수도권은 여전히 기초자치단체 단위로 분절된 상태에서 개별적으로 의사결정을 하고 있죠. 이 구조로는 수도권과의 경쟁이 성립될 수 없습니다.

이제 지역도 더 이상 기초자치단체 단위가 아니라, 통합된 광역권 단위로 전략을 짜야 합니다. 이제 균형발전의 공간 단위는 '5극 3특', 즉 8개의 광역 공간이라고 봐야 해요. 이 큰 공간 단위에 맞춰 공간 계획, 경제 계획, 지역 전략을 통합적으로 설계해야 합니다. 그렇게 하지 않고 기초자치단체 단위로 계속 쪼개고 나누다가는 결국 소멸에 이를 수도 있어요.

베이비부머 귀향 프로젝트란?

교수님께서는 메가시티와 더불어 수도권 과밀화 현상을 해소하고, 지방소멸을 막기 위한 대책 중 하나로 '베이비부머 귀향 프로젝트'를 진행하고 계신데요. 이게 구체적으로 어떤 구상인가요?

지역 발전을 오랫동안 연구하면서 흥미로운 현상을 하나 발견했습니다. 수도권으로 인구가 몰린다는 건 잘 알려진 사실이지만, 연령대를 나눠서 보면 오히려 40대 후반부터 60대 중반까지는 수도권을 떠나고 있다는 점이었습니다. 그것도 예외 없이, 심지어 인구 감소 위기 지역에서도 이 패턴이 뚜렷하게 나타나고 있었어요.

왜 이럴까? 의문을 갖고 더 들여다보니 구조적인 공백이 보였습니다. 우리나라에서는 50대 중반에 은퇴하는 사람들이 많은데, 국민연금은 언제 받아요? 만 65세부터 수령할 수 있잖습니까. 그래서 10년간의 소득 공백기가 생기게 됩니다. 은퇴는 했고 퇴직은 했는데 아직 연금을 받을 수 없는 상황에 처한 55~64세 인구만 840만 명입니다. 나이대별로 행복지수를 계산하면 바로 이 840만 명이 가장 불행한 연령대에 속한 계층이에요. 이들은 여전히 건강하지만 소득이 끊긴 채 불안정한 처지에 놓여 있는 겁니다. 자녀도 부모도 돌봐야 하는 이른바 샌드위치 세대, 그리고 정책의 사각지대에 놓인 집단이기도 하죠.

저는 지금 이들이 인생의 '세컨드 라운드'를 진지하게 고민하면서 실제로 움직이기 시작했다고 보고 있어요. 그런데 대한민국의 정책은 청년 정책, 고령 인구 정책은 넘쳐나지만, 정작 이 55세에서 64세 사이의 중장년층은 완전히 정책의 공백 상태에 놓여 있거든요. 그래서 이분들을 위해 뭔가 정책적 해법을 제시할 수 없을까 고민하다가, '3자 연합 모델'이라는 개념을 구상하게 됐습니다.

중심에는 중장년 베이비부머 세대가 있고, 이들이 지역에 있는 중소기업과 결합할 수 있도록 하고, 그 과정에서 한국토지주택공사와 같은 공공기관이 질 좋고 저렴한 단지형 타운하우스를 공급하는 구조입니다. 실제로 이 세 주체는 각각 어려움을 겪고 있습니다. 베이비부머는 은퇴 이후 삶의 기반이 불안정하고, 중소기업은 인력난에 시달리고, 지방은 인구 유출로 소멸 위기에 놓여 있고요. 그런데 이 세 집단이 유기적으로 연결되면 지금껏 없던 폭발적인 시너지가 일어날 수 있습니다.

현재 55세에서 64세까지, 국민연금 수급 직전 10년간의 인구가 약 840만 명에 이르는데, 그중 절반이 수도권에 거주하고 있습니다. 이분들이 모두 이주할 필요는 없습니다. 수도권 인구의 단 10%, 즉 40만 명만 지방으로 이주하더라도 국가적 차원에서 엄청난 효과가 일어날 거예요. 수도권 주택 수급 구조에 변화를 주면서 임대 물량이 늘어나 부동산 가격에 영향을 미칠 수 있고, 조기 은퇴자가 일자리를 갖게 되면 국민연금의 고갈 시점을 늦출 수 있는 구조적인 완충 효과까지 생기는 거죠.

이분들은 지방으로 이주하더라도 집을 팔 필요가 없습니다. 그 자체로 수도권에 임대 물량이 대거 풀리는 효과가 발생해요. 생각해보세요. 지금 우리나라가 3기 신도시에 30만 호를 공급하기 위해서 얼마나 많은 시간과 자원을 쏟아붓고 있습니까? 지금도 분양을 시작했지만, 완공까지는 시간이 꽤 오래 걸릴 겁니다. 그런데 이 30만 호에 해당하는 수요를, 젊은 베이비부머 세대의 자발적 이동만으로 충당할 수 있다면? 저는 3년 안에 끝낼 수 있다고 생각합니다.

또 하나의 관건은 일자리와 소득입니다. 이들은 대개 55세 전후에 은퇴하지만, 50대 초반에 조기 은퇴하는 사람도 많습니다. 지역 중소기업과 결합해 최저임금을 받는 구조가 되더라도,

정부가 기존에 운영 중인 다양한 고용 지원 프로그램 일부를 사회적 임금 형태로 보완해준다면, 실질적인 월 소득을 300만 원 이상으로 만들 수 있는 여지도 충분합니다.

일자리·주거·의료 3박자가 맞아떨어지면

종합해보면, 수도권 베이비부머의 10%만 지방으로 이주해도 수도권의 임대 주택 증가, 지방 경제 활성화, 베이비부머 세대의 노후 대책, 국민연금 고갈을 늦추는 것까지 네 가지 문제를 한 번에 해결할 수 있다는 말씀이신데요.
그런데 일자리가 해결된다고 해서 지금까지 수도권에서 거주해온 베이비부머들이 지방으로 이주를 할까요? 이들에게 어떤 인프라가 필요할까요?

가장 핵심은 역시 일자리입니다. 이 연령대는 자산이 가장 많은 세대이기도 하지만, 동시에 가장 큰 리스크를 안고 있습니다. 생 직보다 건강하고 오래 살 수 있다는 사실 자체가 불안 요소가 되는 겁니다. 그래서 주머니에 4억, 5억이 있어도 쉽게 쓰지 못하고 움츠러들게 됩니다.

중요한 건 고소득이 아니라, 적정한 소득이 지속적으로 발생한다는 신뢰입니다. 여기에 더해 명함을 가질 수 있다는 것, 즉 사회적으로 여전히 유용한 존재라는 감각을 통해서 자존감을 얻는 게 매우 중요합니다. 그래서 이런 사회적 유용성 같은 것들을 정책적으로 보충해줘야 합니다.

두 번째는 주거 측면입니다. 〈나는 자연인이다〉 같은 TV 프로그램이 오랫동안 사랑받는 이유가 있어요. 이들은 단지형 타운하우스에서 공동체를 이루며 자연 속에서 살아가고 싶은 욕구가 강한데, 이런 수요를 충족시킬 수 있는 공공기관의 인프라는 이미 존재합니다. 한국토지주택공사가 단지형 타운하우스를 공급하고 이를 기반으로 소규모 외지인 공동체를 형성하는 것은 현실적인 대안이 될 수 있어요. 한 달 25만 원 정도의 비용으로 약 20세대가 함께 거주할 수 있는 단지형 타운하우스를 조성하면, 외지인들이 모여서 공동체를 이루고 안정적으로 살아갈 수 있는 구조를 만들 수 있습니다. 이렇게 되면 주거 문제와 함께 기본적인 일자리 문제도 동시에 해결이 됩니다.

마지막으로 의료는 주치의 제도를 도입해 보건소를 중심으로 지속적인 건강 관리를 제공하는 모델을 만들 수 있습니다. 이렇게 일자리·주거·의료 세 축이 갖춰지면, 조기 은퇴한 베이비부머들이 안정적으로 지방에 정착할 수 있는 환경이 조성됩니다.

지금 짐을 싸고 있는 베이비부머만 해도 전체의 14~15%

에 달합니다. 만약 이 비중이 20% 정도까지 확대된다고 가정하면, 고령 인구로 진입하기 직전인 55세에서 64세 사이 인구만 해도 수도권에 약 80만 명이 존재합니다. 이런 엄청난 규모의 인구 집단에 대해서 우리 사회가 진지하게 고민해야 합니다. 왜냐하면 이 문제는 결국 청년 세대의 정책과도 밀접하게 연결되어 있고, 국가의 지속 가능성을 위한 중요한 과제가 되기 때문이에요.

지방소멸의 '원씽'은 일자리다

청년들이 비수도권에서 수도권으로 빠져나가는 현상은 오래된 문제지만 최근 더 심화되고 있잖아요. '노인과 바다'라는 표현처럼 청년이 떠난 자리에 남은 건 고령화된 지역뿐이라는 위기의식도 점점 커지고 있는데요.
지방의 청년 유출을 막고, 다시 청년들이 지역에 뿌리내릴 수 있게 하려면 어떤 해법이 필요하다고 보십니까?

정부가 청년들을 지방으로 유입시키기 위해 문화적 기반을 확충하고, 교육 여건을 개선하는 등 여러 가지 노력을 기울이고 있습니다만, 저는 이 문제의 본질을 보나 직접적으로 바라볼 필요가 있다고 생각합니다. 그렇다면 결국 우리가 묻고 짚어야 할 것은 '청년들이 지역을 떠나는 진짜 이유는 무엇인가?'라는 점입니다.

    핵심은 먹고사는 문제, 즉 양질의 일자리입니다. 먹고사는 문제는 인간의 삶에서 가장 기본이 되는 거잖습니까. 그게 없으면 불안할 수밖에 없어요. 우리가 가진 자원이 제한적인 만큼, 어디에 우선순위를 두고 정책적 노력을 집중할 것인가를 신중히 고민해야 합니다. 저는 그 답이 '일자리'라고 생각합니다. 좋은 일자리가 생기면 자연스럽게 문화도 따라오고, 지역에 머물고 싶은 여건도 만들어집니다. 반면 문화나 교육 인프라부터 강화한다고 해서 자동으로 일자리가 생기는 건 아닙니다. 그렇기에 어느 쪽이 더 효율적인 선택인지 따져볼 필요가 있습니다.

    제가 자주 인용하는 책 중에 《원씽 The One Thing》이라는 책이 있습니다. 그 책에서는 모든 문제가 복잡해 보이지만, 그 안에는 반드시 가장 먼저 해결해야 할 '핵심 과제'가 있고, 그것을 제대로 해결하면 나머지 문제는 훨씬 적은 노력으로도 풀릴 수 있다고 말합니다. 저는 청년 유출 문제의 '원씽'이 바로 일자리 정책이라고 봐요.

> 마지막으로 지방 도시를 살리는 방향으로 나라를 '리부트'하려면, 무엇부터 시작해야 할까요? 하나의 키워드로 정리해주신다면요?

지방 문제는 결국 수도권 문제와 연결되어 있습니다. 그리고 베이비부머 세대 문제는 청년 세대 문제와 맞닿아 있습니다. 현재 베이비부머 세대는 점점 더 지방으로 향하려는 흐름이 강해지고 있어요. 이들을 정책의 중심에 두고 집중적으로 지원한다면, 비교적 작은 노력으로도 상당한 효과를 기대할 수 있습니다.

나아가 이들이 먼저 지역에 정착함으로써, 청년 세대를 유입시킬 수 있는 기반이 형성됩니다. 그렇기 때문에 정책을 설계할 때는 '무엇이 조금 더 중요한가', '어떤 순서로 접근할 것인가'를 분명히 설정하는 것이 매우 중요하다고 생각합니다. ●

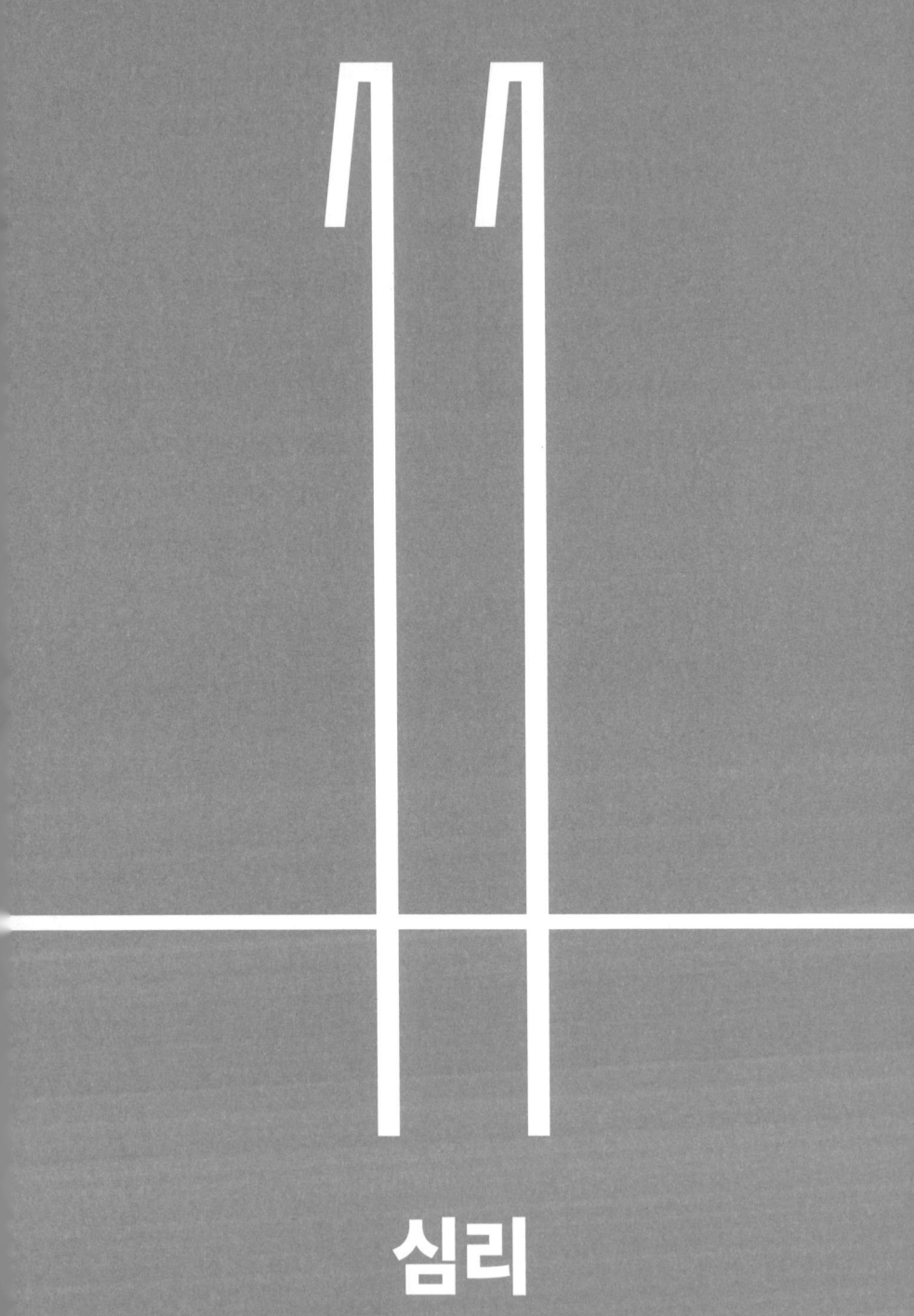

계엄 트라우마에서 우리는 아직 회복되지 않았다

▶ ▶ ▶

김경일

우리나라의 대표적인 인지심리학자. 현재 아주대학교 심리학과 교수로 재직 중이다. 고려대학교 심리학과와 동 대학원을 졸업한 후 미국 텍사스주립대학교 심리학과에서 박사학위를 받았다. 인지심리학 분야의 세계적 석학인 아트 마크먼 교수의 지도하에 인간의 판단, 의사결정, 문제해결 그리고 창의성에 관해 연구했다. 저서로는 《마음의 지혜》《김경일의 지혜로운 인간생활》《부의 심리학》《적절한 좌절》(공저) 《코로나 사피엔스》(공저) 등이 있다.

"비상계엄 사태 이후에도 비슷한 방식으로,
사람이든 시설이든
'믿을 수 있는 것'에 대한 신뢰가 무너지는 현상이
여러 사람에게 나타났어요.

그렇게 의심이 일상화되면
어떤 일이 벌어질까요? 쉽게 말해서
결국 '진'이 빠집니다.
그게 심각해지면, 사회의 동력 자체가 사라지는
악순환으로 이어질 수 있는 거죠."

REBOOT

우리는 왜 비상계엄이 끝났는데도 지친 마음에서 회복하지 못할까? 김경일 교수는 비상계엄 사태를 단지 정치의 실패가 아니라, 한국 사회에 깊이 스민 불신과 외로움, 무기력의 집합적 결과로 진단한다. 사람을 믿기 어렵고, 제도는 의심스러우며, 결국 스스로 판단하기보다 멈춰 서 있는 사회. 그는 이 상태가 단지 감정의 문제가 아니라, 사회 전체의 동력을 갉아먹는 구조적 위기라고 경고한다. 정보 소비가 편향되고 진영 간 적대가 깊어진 지금, 우리는 왜 서로를 더 외롭게 만드는가? 계엄 트라우마 이후 한국 사회의 집단 정신은 과연 회복되고 있는가?

리부트 대한민국

비상계엄 이후 국민 감정, 불안·의심 늘었다

비상계엄 사태가 발생한 지 반년이 넘은 지금, 당시의 충격에서 국민들은 얼마나 회복되었을까요?
초현실적인 상황에 놀랐던 국민의 마음은 어느 정도 진정되었는지, 아니면 아직도 그 충격에서 완전히 벗어나지 못하고 있는지, 심리학자의 시각에서 현재 국민의 심리 상태를 어떻게 진단하십니까?

사실 국가도 하나의 개인처럼 집단적으로 큰 충격을 받으면, 그 상처는 오랫동안 지속됩니다. 사회심리학 연구에 따르면, 아직도 많은 국민이 IMF 외환위기 시절의 아픈 기억을 불쑥불쑥 떠올리고 있습니다. 당시가 1997년이었으니, 30년 가까운 시간이 흘렀음에도 불구하고 마음의 흉터는 여전히 남아 있는 거죠.
　우리는 이미 여러 차례 그런 집단적 트라우마를 경험한

바가 있습니다. 한국전쟁, 5·18민주화운동, 삼풍백화점 붕괴, 세월호 참사 등 사건의 성격은 달랐지만, 국민이 함께 느꼈던 극심한 불안과 공포, 충격은 공통된 정서로 남습니다.

    이러한 감정은 단지 한 시대에 머무르지 않고, 세대를 건너 전이되기도 합니다. 당시를 직접 경험하지 않은 다음 세대에게도 영향을 미칠 수 있다는 점에서 이번 비상계엄 사태 역시 완전히 치유되기까지는 상당한 시간이 필요할 것으로 보여요. 상처는 시간이 흐르면서 희미해질 수 있지만, 흉터는 쉽게 사라지지 않습니다.

> 2024년 12월 3일 밤 10시 30분경, 계엄령이 전격적으로 선포됐던 그 순간 우리 국민이 그때 가장 먼저, 그리고 가장 강하게 느꼈던 감정은 무엇이었다고 정리할 수 있을까요?

사람들은 살아가면서 굉장히 소중한 것을 잃었을 때 엄청난 충격을 느껴요. 예를 들어 상상하기도 어렵지만, 가족을 잃는다는 것이 그중 하나겠죠. 또 다른 하나는 당연시되던 것들이 당연시되지 않는 순간에 느끼는 '막막함'이라는 게 있습니다.

    너무나도 당연했던 것들이 무너질 때, 사람들은 커다란 슬픔이 아니라 설명하기 힘든 불편함과 불안감을 느낍니다. 햇

빛, 공기, 물, 전기처럼 늘 곁에 있고 당연히 누리던 것들이 갑자기 사라진다고 상상해보면, 그것이 주는 감정은 단순한 상실을 넘어서거든요. 2024년 12월 3일 계엄령 선포의 순간은 바로 그런 감정의 파고를 만들어낸 사건이었습니다. 당연하게 누려왔던 민주주의와 자유가 위협받는 현실 앞에서, 많은 국민이 순간적으로 막막한 불안감을 강렬하게 경험했을 겁니다.

신뢰의 붕괴,
사회의 진이 빠지는 순간

> 계엄령이 선포된 이후 불안감 때문에 밤새 잠을 이루지 못하거나, 해제 이후에도 관련 뉴스만 반복해서 시청하는 분이 많았습니다. 이러한 반응도 '계엄 트라우마'라고 정의할 수 있는 현상일까요?

사람들이 어떤 충격적인 사건을 겪게 되면, 평소에 하던 다양한 활동을 중단하고 에너지가 한곳으로 쏠리는 일이 벌어집니다. 예를 들어 평소 같으면 아침에 일어나 환율이나 주가, 날씨를 확인하고, 뉴스 프로그램도 보고, 영화나 다른 방송을 챙겨보고, 또 식사도 하면서 하루를 시작합니다. 그런데 강한 충격을 받은 상황에서는 이런 다양한 일상 활동이 하나둘 멈추고, 오직 한 가지 이슈에만 몰두하게 됩니다. 그렇게 되면 다른 생활 영역을 돌보지 못하게 되고, 결국 일상 전반에 불균형을 초래해서 자신의 생활이 망가지게 되는 거죠.

특히 비상계엄 사태 이후, 많은 사람이 하나의 뉴스나 정보에 집착하듯 몰두하게 됐어요. 그런데 일상생활에는 자질구레해 보이지만 마땅히 해야 하는 필수적인 것들이 있거든요. 그런 것에 신경을 못 쓰게 되면서 일상생활에 소위 '펑크'가 나게 됩니다. 이런 상태가 반복되면 또다시 불균형이 심화되고, 불안과 불편감도 함께 커져요. 그러다 '왜 이렇게 내가 못 하고 있지?', '왜 이렇게 삶의 균형이 무너졌지?'라는 자각으로 이어지게 되는 거죠.

그 가운데 우리가 심각하게 받아들여야 할 문제는 바로 '수면'입니다. 수면과 관련된 심리학 연구 결과에 따르면, 인간이 불행해지는 가장 빠른 길 중 하나가 잠을 덜 자는 겁니다. 많은 국민이 비상계엄 사태 이후 불안감 때문에 잠을 제대로 자지 못했고, 한동안 계속 뉴스를 지켜보느라 수면의 양과 질이 현저하게 떨어졌어요. 정치적 입장이나 진영과 무관하게 비상계엄으로 인해서 전 국민적으로 수면 부족 현상이 나타났다고 볼 수 있습니다.

아직 2024년과 2025년의 정신건강 관련 통계는 나오지 않았지만, 2~3년 안에 불안과 우울 등의 수치에서 유의미한 변화가 확인될 가능성이 매우 커요.

12.3 비상계엄 사태 이후로 심리적 충격을 호소하면서 상담을 요청하는 분도 많았을 것 같은데요.
혹시 주변에서 계엄 트라우마로 여겨질 만한 사례를 접하신 적이 있으신가요? 있다면 어떤 사례들이 특히 기억에 남으시는지요?

일상의 대부분을 의심하게 되는 사람들이 많아졌어요. "설마 그런 일이 벌어지겠어?"라고 생각했던 일이 국가 차원에서 현실이 되어버리면, 사람들은 일상 속의 기본적인 것들마저 신뢰하지 못하게 됩니다. 예를 들어, 1994년 성수대교 붕괴나 1995년 삼풍백화점 붕괴 이후에도 상담사나 정신과 전문의들이 유사한 심리 반응을 관찰했습니다. 상담 현장에서는 계단이 무섭다거나, 엘리베이터 탑승이 불안하다거나, 혹은 멀리서 오는 버스가 자신에게 돌진할 것 같다는 두려움을 호소하는 사례가 보고되었죠.

　　이번 비상계엄 사태 이후에도 비슷한 방식으로, 사람이든 시설이든 '믿을 수 있는 것'에 대한 신뢰가 무너지는 현상이 여러 사람에게 나타났어요. 그렇게 의심이 일상화되면 어떤 일이 벌어질까요? 쉽게 말해서 결국 '진'이 빠집니다. 그게 심각해지면, 사회의 동력 자체가 사라지는 악순환으로 이어질 수 있는 거죠.

비상계엄은 뺨 맞는 것과 같은
국가의 폭력

그런데 일각에서는 이것이 트라우마 차원을 넘어선 국가 폭력이라고 주장하기도 합니다.
물리적으로 사람을 때리거나 죽이는 일만이 폭력이 아니라, 공포와 위압을 주는 방식으로 시민의 삶을 짓누르는 것도 폭력이라는 인식인데요. 이러한 주장은 타당한 건가요?

심리학자들은 뇌에서 일어나는 반응을 기준으로 보기 때문에, 이번 비상계엄 사태 역시 폭력으로 간주할 수 있어요. 물리적 폭력과 다르지 않다는 얘기입니다. 예를 들어 제가 상대의 면전에서든 온라인을 통해서든 근거가 전혀 없는 비방을 하거나 욕설을 했습니다. 이런 경우 물리적인 타격이 없더라도, 언어적 위협이나 극도의 공포와 위압을 주는 상황이 벌어지면, 뇌에서는 실제로 뺨을 맞거나 뼈가 부러지거나 칼에 찔린 것과 같은 고통의 중추가 활성화되면서 동일한 고통으로 인식합니다.

즉 심리학적 관점에서는 신체적 폭력과 마찬가지로, 공포를 조장하고 일상을 파괴한 비상계엄 상황도 폭력의 한 형태라고 할 수 있습니다. 법률적 판단과는 별개로, 다수의 심리학자가 이를 동등한 수준의 가해행위로 봐야 한다는 입장을 갖고 있죠.

국회 투입 군인들의
심리적 고통

비상계엄이 선포된 날, 국회로 진입한 군인들이야말로 가장 심각한 트라우마를 겪고 있을 대상이 아닐까 싶습니다.
그날 현장에 있던 장병들은 '내가 왜 국민을 상대로 무력을 행사해야 하나'와 같은 자괴감을 느꼈을 것 같은데요. 심리학적으로 보면, 이들의 후유증은 어떤 양상으로 나타날 수 있을까요?

사람은 각자 지켜야 할 신념이라는 게 있습니다. 이 신념체계는 곧 그 사람의 존재 이유, 즉 정체성을 구성합니다. 그래서 본인의 의지와는 무관하게 외부 명령에 의해서 그 신념에 반하는 행동을 하게 되면, 자신의 존재 자체에 대한 의심과 고통을 경험하게 돼요.

특히 비상계엄 당시 투입되었던 분들 가운데 일부는 극심한 내면적 갈등을 겪고, 방 안에서 나오지 않거나 울음을 터뜨리는 등 뚜렷한 심리적 후유증을 보이기도 했거든요. 이는 그분들이 확고한 신념체계를 가진 사람들이었기 때문에 일어나는 반응이고, 오히려 자발적인 저항과 판단이 있었음을 보여주는 거예요. 그래서 이렇게 신념체계가 있는, 위기를 대비한 인력들은 매우 조심스럽게 지휘해야 합니다. 아무나 임의로 해서는 안 되는 거죠.

이런 분들을 '소극적으로 행동했다'고 평가하는 사람도 있지만, 실제로는 신념과 현실 사이의 충돌 속에서 스스로 강한 제동을 건 매우 '적극적인' 행동이었다고 봐야 합니다. 당시 일부 병력의 느려진 움직임이나 반복적인 멈칫거림은 단순한 주저나 혼란이 아니에요. 자신의 직무적 정체성과 내면의 신념체계가 현장에서 마주한 현실과 격렬하게 충돌하는 상황 속에서, 자신의 본질적인 신념에 집중하면서 행동의 속도를 의도적으로 늦춘 겁니다. 그래서 소극적인 태도가 아니라 오히려 강한 제동을 건 '능동적 저항'이라고 평가해야 해요.

물론 신상필벌信賞必罰도 중요하지만, 이런 일이 일어났을 때 이들이 겪은 내면의 갈등과 윤리적 판단을 존중하는 명확한 평가를 내려야 합니다. 이것은 개인에 대한 예우이자, 앞으로 국가 위기 상황에서 조직이 어떤 원칙과 인간 존엄을 지켜야 하는지를 되묻는 중요한 과제예요. 그렇게 하지 않으면, 미래 유사한 상황에서 국가와 시민 모두가 감당해야 할 위험은 훨씬 더 커질 겁니다.

비상계엄 사태 당시 국회에 투입된 군인들, 특히 직업군인들은 국가 안보적으로도 매우 중요한 인적 자산인데,

> 그중 상당수가 자신의 신념체계가 무너지는 경험을 한 거잖습니까.
> 그렇다면 이러한 충격과 갈등을 겪은 이들의 무너진 신념체계를 회복하고 다시 세워주는 방법, 실질적으로 가능한 회복의 방향은 무엇일까요?

일단 무너진 신념체계를 회복하려면, 무엇보다 그럼에도 불구하고 그들이 잘한 점을 확인하고, 그 역할에 감사를 표하는 작업이 먼저 진행되어야 합니다. 특히 중요한 것은, 당시 상황에서 신념을 지키기 위해 '소극적'으로 보였던 행동이 사실은 '적극적'인 자기 제어였다는 점을 사회적으로 인정하는 거예요.

이러한 인식의 전환을 위해서는 그 과정에서 중요한 판단과 행동을 보여준 분들을 '롤모델'로 발굴하고 조명하는 일이 필요합니다. 지금은 계엄사령관이나 지휘부 등 법적 책임을 묻는 인물들만 부각되고 있지만, 현장에서 갈등을 안고서도 헌법적 가치를 지키기 위해 행동을 자제한 장교들과 간부들은 제대로 평가받지 못하고 있습니다. 어떤 일을 재평가하기 위해서는 나쁜 일을 저지른 사람들을 찾아내서 처벌하는 것도 중요하지만, 그 과정에서 신념을 지키며 저항했던 사람들을 부각하는 것도 중요하거든요.

예를 들어 12.12 군사반란 당시 반란군에 끝까지 맞섰던 김오랑 중령처럼 직무와 신념 사이에서 갈등하면서도 헌법의 정신을 지킨 인물들을 사회적으로 더 많이 알려야 합니다. 이처럼 신념을 지킨 사람들에 집중하는 것이 회복의 출발점이고 동시에 우리 사회가 나아갈 방향을 밝히는 중요한 기준이 될 수 있어요.

그는 왜 여전히 '계몽령'이라 믿는가

윤석열 전 대통령은 헌법재판소로부터 비상계엄 선포가 위헌이라는 법적 판단을 받았고, 파면 선고까지 받았습니다.
그런데 이후 비상계엄 재판에서도 여전히 "평화적 대국민 메시지 계엄"이었다는 소위 '계몽령'을 주장했는데요. 이러한 태도는 어떤 심리적 기제라고 설명할 수 있을까요?

심리학자들 사이에서는, 윤석열 전 대통령이 당시 자신의 조치가 정당했다고 말하는 것은 단순한 거짓말이 아니라, 본인의 '진심'일 수 있다는 견해가 많습니다. 문제는 이처럼 진심으로 믿는 신념은 종종 객관적 진실과 괴리될 수 있다는 점이에요. 즉 내 마음이 '진심'일 때, '진실'에 크게 개의치 않는 거죠.

선거를 연구한 심리학자들에 따르면, 진실을 말하는 사

람보다 진심을 말하는 사람들의 당선 비율이 더 높습니다. 왜냐하면 '진심'으로 하는 얘기니까 사람들은 '거짓말이 아닐 거야', '좋은 이야기일 거야' 하고 생각을 하거든요. 거짓말을 하는 사람들은 팩트체크를 하거나 반증하는 증거를 대면 무너지기가 쉽지만, 진심으로 자기 신념을 얘기하는 사람들은 설득이 안 됩니다. 윤석열 전 대통령의 경우도, 자신이 내렸던 판단을 여전히 계몽령이라는 식으로 표현하는 이유는 본인의 신념체계 안에서는 그것이 정의롭고 정당했다고 믿기 때문일 가능성이 커요.

이런 사태를 막으려면 우리 사회에 '진심'과 '진실'을 구분해낼 수 있는 사회적 성숙도와 집단적 분별력이 필요합니다. 그러려면 사람을 깊이 있게 들여다볼 기회가 있어야 하는데, 민주주의 사회에서는 그럴 기회가 선거나 대결 구도 안에서 제한되는 경우가 많거든요. 그런 구조에서는 어떤 사람이 있는 그대로 진심을 이야기하는 것 같지만, 내용상으로는 틀린 말을 하고 있다는 것을 구분해내기가 어렵습니다. 따라서 언론을 비롯한 사회 전체가 진심과 진실을 구분해낼 수 있는 안목과 책임 있는 시선을 갖추는 것이 매우 중요하죠.

집단적 트라우마에서 회복하는 방법은?

12.3 비상계엄 사태를 겪은 이후 국민 사이에 불안과 우

울 등 다양한 심리적 충격이 나타나고 있어요.

이런 것들을 극복하고 건강한 일상을 회복하기 위해, 개인과 사회가 할 수 있는 현실적인 심리적 회복 방법에는 무엇이 있을까요?

이런 국가적 차원의 트라우마는 개인의 심리만이 아니라 사회 전반에 깊은 영향을 미치기 때문에 국가가 먼저 해야 할 역할이 분명히 존재합니다. 일단 트라우마를 겪은 개인이 회복의 첫 단계로 반드시 가져야 할 것은 '일상의 안정감'인데요.

예를 들어, 최근 잇따른 싱크홀 사고처럼 실질적인 위험이 존재하는 사안에 대해서 우리는 더욱 예민하게 반응하게 됩니다. 심리적 충격을 경험한 이후에는 단순한 주의가 과도한 불안으로 확대될 수 있습니다. 평소에는 무심코 지나쳤던 맨홀 뚜껑조차 두려움의 대상이 되고, 조심하는 것을 넘어서 맨홀 뚜껑이 있는 거리를 피하고, 길을 걷는 게 두려워지면 아예 외출을 삼가게 돼요. 이러면 사회 전체가 침체되거든요.

그래서 개인의 트라우마든, 집단의 트라우마든, 국가의 트라우마든 가장 중요한 건 일상의 안정감을 회복하는 거예요. 특히 새로운 정치 체제가 출범했다면, 시민들이 일상에서 마주할 수 있는 작고 사소한 위험 요소들을 신속히 제거해나가는 것이 최우선 과제입니다. 이것은 실제 위험과 무관하더라도 심리적 안정감 회복에 결정적인 역할을 해요.

그다음 단계로는, 그 일이 왜 일어났는지를 사회적으로 이해하는 과정이 필요합니다. 사건을 덮고 넘어가는 것이 아니라, 정확한 원인과 배경을 공유하고 설명할 때에야 비로소 공동체는 '되돌아갈 준비'를 시작할 수 있습니다.

마지막으로 우리 공동체가 잘 되돌아가려면, 개인이나 국가 모두에게 새로운 가치·비전·삶의 목표가 제시되어야 하죠.

정보의 다양성이
해독제다

하지만 특검 수사와 재판이 계속 진행되면서 관련 뉴스가 끊임없이 쏟아지고 있잖아요. 이로 인해 많은 사람이 스트레스를 호소하거나, 뉴스를 보지 않으면 오히려 불안해진다고도 하는데요.
이럴 때 뉴스를 어떻게 소비하는 것이 정신건강에 도움이 될까요?

정치 뉴스 소비를 둘러싼 불안감은 단순한 정보 문제가 아니라 '습관의 문제'와도 깊은 관련이 있습니다. 실제로 많은 사람이 정치 뉴스만 반복적으로 찾아보는 경향을 보이는데, 이는 정보에 대한 갈증 때문이 아니라 일종의 스트레스 대응 습관처럼 굳어진 경우가 많습니다.

특히 피곤하거나 지쳐 있을 때, 혹은 마음이 심란할 때일수록 사람들은 자연스럽게 익숙한 정보 자극, 즉 정치 뉴스로 되돌아가게 돼요. 그렇기 때문에 '정치 뉴스를 끊자'는 결심은 대부분 실패합니다. 인간은 습관을 의지만으로 바꾸기 어렵기 때문이죠. 그래서 '정치 뉴스만 보지 말자'는 방향이 훨씬 현실적입니다. 뉴스 소비의 편향성을 줄이려면, 다양한 주제에 대한 정보를 의식적으로 접하는 노력이 필요합니다.

예를 들어, 저는 유튜브나 포털에서 정치 뉴스만 자동으로 추천되는 걸 막기 위해서 다음과 같은 방식을 권합니다. 한번 로그아웃한 상태로 다양한 주제를 먼저 탐색한 뒤, 관심 있는 콘텐츠를 즐겨찾기나 저장 기능으로 모아두고, 이후 다시 로그인해 그것들을 보는 식이죠. 이렇게 하면 알고리즘의 편향에서 어느 정도 벗어나 다양한 관점과 주제에 노출될 수 있습니다.

결국 우리가 심리적 균형을 회복하기 위해서는 정치라는 한 방향의 정보 흐름에서 나와서 다채로운 시선과 세계를 접하는 것이 매우 중요합니다. 그렇게 하지 않으면 정치적 입장의 차이와는 무관하게, 계속해서 같은 자극에 반복적으로 노출되면서 심리적 악순환이 이어질 수 있어요.

몰입이 깊어질수록
증오도 깊어진다

최근 비상계엄 사태와 대통령 탄핵, 조기 대선 등의 과정을 거치면서 대한민국에서 정치적 양극화가 더욱 심각해졌다는 평가가 많습니다.
심리학적으로 어떤 기제가 작용하기에 이처럼 상대 진영에 대한 적대감이 깊어지는 건가요?

양극화는 대개 한 가지 주제에 지나치게 몰입할 때 발생합니다. 특히 서로 다른 분야나 관심사에 분산되어 있다면 양극화는 일어나기 어렵지만, 정치처럼 동일한 분야에만 집중하게 되면 갈등이 심화되기 쉬워요. 예를 들어 제가 특정 프로야구 팀의 열렬한 팬이고 싫어하는 팀이 명확히 있다고 하더라도 내 앞의 상대가 프로축구 팀을 응원한다면, 전혀 감정이 생기지 않거든요.

그러니까 같은 것에 몰입할 때, 정치에만 몰입했을 때 정치적 양극화가 일어나는 것이지, 다른 것들에도 관심을 가지는 사회라면 그 양극화라는 것 자체가 성립이 안 되죠.

이것은 결국 우리 사회에 다양성이 떨어졌다는 뜻입니다. 실제로 극단적인 정치적 입장을 가진 사람들의 삶의 패턴을 연구해보면, 이들에게는 공통적으로 취미·레저·예술·스포츠 같은 다양한 관심사가 결여되어 있습니다. 이런 관심사가 없는 사람들이 정치에 몰입하게 되면 양극화라는 결과, 즉 상대 진영에 대한 증오와 반감이 심화되는 구조에 놓이게 되는 거죠.

> 요즘은 스마트폰으로 유튜브, 특히 쇼츠 같은 숏폼 콘텐츠만 반복해서 보는 사람들이 많잖아요.
> 알고리즘이 계속 작동하면서 특정한 콘텐츠만 추천되는데, 이렇게 한 방향으로만 몰입하게 되는 현상도 정치적 양극화의 원인이 될 수 있을까요?

중요한 건, 하나에만 몰입하는 행위 자체가 좋지 않다는 거예요. 심지어 저는 "책만 봐도 바보 된다"라고 말할 정도입니다. 책만 보고 유튜브는 전혀 안 본다면, 문제가 생길 수 있어요. 어떤 것이든 한 종류의 정보만 접하면 문제가 발생합니다. 쇼츠도 보고, 긴 영상도 보고, 책도 보고, 사람과 직접 대화도 해보는 등 정보의 폭을 넓히는 것이 중요합니다.

　　사회 전체의 다양성이 떨어지는 것도 심각한 문제지만, 나라는 개인의 삶에서조차 다양성이 부족해질 때, 우리는 특정 대상에 몰입하면서 다른 의견을 가진 사람들을 극단적으로 미워하게 됩니다. 지금 자신이 그런 상태에 있지는 않은시 되돌아 볼 필요가 있어요.

외부의 포용은 내부의 다양성에서부터

그러한 숏폼 콘텐츠만 반복해서 시청하면, 짧은 시간에 강렬한 자극에 노출되어서 도파민 분비가 과도해진다는 우려도 있습니다. 일각에서는 이를 우려하며 '도파민 디톡스'가 필요하다고 주장하기도 하는데요. 이 표현은 학술적으로도 타당한 개념인가요?

사실 도파민 디톡스라는 개념에 대해 동의하는 연구자도 있고, 그렇지 않은 연구자도 있습니다. 도파민은 쾌감이나 행복감을 만들어내는 신경전달물질인데, 쇼츠 같은 짧은 영상이 도파민을 생성한다기보다는 도파민이 잘 분비되도록 설계된 자극적인 콘텐츠를 연달아 소비하게 만드는 알고리즘 구조가 핵심적인 문제입니다. 그래서 저는 종종 친구들과 장난처럼 '친구 알고리즘으로 유튜브 보기'를 하기도 합니다. 그러면 정말 낯선 세계가 펼쳐져요. 나와 비슷한 사람이라고 생각했던 친구인데도 전혀 다른 관심사와 시각을 지닌 콘텐츠를 소비하고 있는 걸 보면, 이처럼 개인마다 '정보의 세계'가 얼마나 다른지를 체감할 수 있죠.

집단 간의 갈등이 해결되기 위해서는 먼저 집단 내의 다양성이 확보되어야 합니다. 실제로 상대방 진영에 대한 극한의 혐오를 가진 사람들을 보면 사실은 그 전에 자기 집단 내에서 더 치열한 갈등이 존재하는 경우가 많습니다. 즉 타 진영에 대한 혐

오감보다 앞서, 내부 집단 안에서 다른 목소리를 인정하지 않으려는 태도 자체가 문제의 출발점인 경우가 많다는 겁니다.

내부 집단 안에서 먼저 스펙트럼을 넓히고 다양성을 받아들이는 것, 그것이 타 집단에 대한 '포용성'을 기르는 첫걸음입니다. 이것은 단순한 봉합이 아니라 사회 전체의 포용성이라는 보다 더 근본적인 해결책으로 이어집니다. 이러한 맥락에서 포용성을 높이는 리더를 선출해보는 일 역시 우리가 할 수 있는 실천적인 접근 중 하나가 될 수 있어요.

'감사하다'는 말이
회복의 첫 단추

2020년대에 접어들면서 코로나19 팬데믹으로 인한 외로움, 그리고 비상계엄 사태로 인한 심리적 충격 때문에 우리 사회 전반에 우울감이 확산되고 있다는 평가가 있어요.
이러한 집단적 트라우마에 대응하려면 우리 사회에는 어떤 대비가 필요할까요?

일단은 개인의 대처부터 먼저 말씀을 드릴게요. 아무리 사회가 앞장서도 개인의 대비와 대처가 뒤따르지 않으면 문제가 해결되지 않으니까요. 심리학자들이 오랫동안 연구해온 바에 따르면, 우리가 흔히 겪는 우울감이나 외로움은 단지 감정의 문제만이 아니라 수면과 깊은 연관이 있습니다.

외로워서 잠을 못 자는 걸까요, 잠을 안 자서 외로운 걸까요? 우울해서 잠을 못 자는 걸까요, 잠을 안 자서 우울해지는 걸까요? 미국 플로리다주립대 연구팀의 조사에 따르면 잠을 충분히 자지 못해서 우울해지고, 외로워지는 경우가 더 많다고 합니다. 우리는 보통 우울하고 외로우니까 잠을 못 잔다고 생각하지만, 실은 잠을 안 자서 외로워지는 악순환이 벌어지는 거예요.

그래서 개인이 회복력을 키우는 첫걸음은 잘 자려고 애쓰는 겁니다. 아무리 흥미롭고 중요한 일이 있더라도 잠을 우선순위에서 밀어내면 악순환이 반복되기 쉽습니다. 인간 사회에서 반복되어온 수많은 불행이 수면 부족이라는 공통된 원인을 가지고 있어요. 괜히 만병의 근원이라고 부르는 게 아닙니다. 그래서 이럴 때일수록 나의 수면 상태에 관심을 갖고, 우리 주변 사람들이 잘 자고 있는지 돌아볼 필요가 있어요.

더하여 이 연구에는 좀 흥미로운 부분이 있는데요. 사랑하는 사람이나 소중한 주위 사람들에게 더 많이 감사하고, 소소하지만 따뜻한 대화를 나누는 시간을 가질수록 수면에 긍정적인 영향을 만들어낼 수 있다는 겁니다. 그러니까 문 잡아주는 사람에게 '감사하다'는 한마디, 일을 마치고 동료에게 건네는 '고생했다'는 말, 이런 말들의 빈도를 조금만 높여도 무의적으로 숙

"상대를 고립시키지 않고,
외로움으로 밀어넣지 않을 때,
우리는 비로소
정상적인 대화를 위한 공통의 기반,

즉 보편적이고 정상적이며
상식적인 뉴스를
구별해내는 힘을 갖게 됩니다."

면을 취하는 데 유리해지는 거예요.

외로움이 극단을 부른다, 연결이 회복을 만든다

지금까지는 개인의 대처법을 중심으로 말씀해주셨는데, 우리 사회 전체가 집단적 트라우마에 대비하기 위해 할 수 있는 일은 무엇일까요?

지금 한국도 그렇지만, 이른바 선진국이라 불리는 나라들조차도 갈등과 충돌이 심화되면서 양극화가 두드러지고 있습니다. 그런데 학자들이 '극단주의'를 면밀히 분석해보니, 그 중심에는 '외로움'이라는 정서가 자리하고 있다는 겁니다.

우리 사회는 겉보기에는 서로 잘 연결되어 있는 것처럼 보이지만, 실상은 그 안에서도 많은 사람이 깊은 외로움을 느끼고 있습니다. 그런데 외로운 사람들은 외로운 뉴스를 소비하고, 음모론에도 쉽게 빠져요. 외로운 사람들은 누군가가 비정상적이거나 극단적인 이야기를 할 때조차 거기에 매력을 느끼게 됩니다. 다시 말해, 외로운 사람은 외롭지 않은 사람들의 언어와 세계가 싫어진다는 거예요.

그래서 우리 사회가 아무리 정치적으로 갈등이 깊다 하더라도, 상대방을 극한의 외로움으로 몰아넣는 일만큼은 자기 자신을 위해서라도 피해야 합니다. 그렇게 상대를 고립시키지 않고, 외로움으로 밀어넣지 않을 때, 우리는 비로소 정상적인 대화를 위한 공통의 기반, 즉 보편적이고 정상적이며 상식적인 뉴스를 구별해내는 힘을 갖게 됩니다. 여기서 말하는 뉴스란 언론을 통해서만 전달되는 것이 아니라, 일상에서 이웃이나 동료를 통해 듣는 모든 정보까지 포함하는 거예요.

이렇게 된다면, 그 과정에 설령 갈등이 존재하더라도 '이 상처는 치유될 수 있어', '이건 극복할 수 있어'라는 집단적 공감대가 형성되고, 그 공감이 공동체 회복의 기초가 되는 겁니다.

갈등의 시대, 함께 걷는 연습

마음의 '리부트'가 절실한 2025년, 지금 우리에게 가장 필요한 마음가짐을 하나의 키워드로 표현하신다면 어떤 단어를 꼽으시겠습니까?

'리부트'라는 키워드를 이미 주셨기 때문에 너무 쉬운 문제죠. 그러니까 리부트를 하려면 어떻게 해야 될까요? 우리가 컴퓨터라면 껐다가 다시 켜면 되지만, 우리 뇌를 껐다가 다시 켤 수는 없잖아요. 우리의 뇌를 리부트할 수 있는 가장 좋은 방법은 바로 걷는 겁니다. 뇌를 다시 작동하게 하는 데 걷기만큼 좋은 게 없습니다. 걸으면 우리가 집착하던 문제에서 잠시 벗어날 수 있고, 편도체의 활동이 줄어들면서 새로운 사고를 가능하게 하는 해마의 기능이 활성화됩니다.

그런데 생각해보면, 지금 우리가 겪고 있는 수많은 갈등 속에서 갈등의 당사자들이나 반대편에 서 있는 사람들이 함께 손을 잡고 걸어본 적이 최근에 거의 없었습니다. 예전에는 정치 지도자들이 상대 진영 인사와 손을 맞잡고 함께 걷는 모습을 종종 보여줬고, 우리는 그런 장면을 통해 간접적으로나마 '공동체적 감각'을 회복할 수 있었거든요.

인간은 '거울 뉴런'이라는 메커니즘을 통해 타인의 행동을 자신도 하는 것처럼 느끼게 되어 있습니다. 그런 의미에서 2025년에는 극한의 갈등을 겪은 사람들이 함께 같은 방향으로 걷는 모습을 자주 볼 수 있기를 기대합니다.

그리고 마지막으로, 심리학자는 한 사회의 성숙도를 자기와 다른 의견을 펼치는 상대방을 대하는 태도를 통해 판단하거든요. 그래서 일탈이나 잘못에는 단호해야 하지만, 다양함을 존중할 수 있는 지혜를 가진 사람이 중용될 때 비로소 더 나은 국가를 만들어갈 수 있다고 말씀드리고 싶습니다. ●

"인간은 '거울 뉴런'이라는
메커니즘을 통해
타인의 행동을 자신도 하는 것처럼
느끼게 되어 있습니다.

그런 의미에서 2025년에는
극한의 갈등을 겪은 사람들이
함께 같은 방향으로 걷는 모습을 자주 볼 수
있기를 기대합니다."

**파국에서 도약으로,
한국 사회 대전환을 위한
11가지 제언**

초판 1쇄 인쇄 2025년 9월 1일
초판 1쇄 발행 2025년 9월 10일

기획 SBS〈김태현의 정치쇼〉제작진
지은이 김경일 김현철 마강래 박원호 이광수 이철희
조동찬 조병영 조천호 최재붕 최종건
펴낸이 최순영

출판2본부장 박태근
지식교양 팀장 송두나
편집 송두나
디자인 페이퍼컷 장상호

펴낸곳 ㈜위즈덤하우스   **출판등록** 2000년 5월 23일 제13-1071호
주소 서울특별시 마포구 양화로 19 합정오피스빌딩 17층
전화 02) 2179-5600   **홈페이지** www.wisdomhouse.co.kr

ⓒ SBS
이 책은 저작권법에 따라 보호를 받는 저작물이므로 무단 전재와 무단 복제를 금합니다. 이 책의 내용을 이용하려면 저작권자와 ㈜위즈덤하우스의 동의를 받아야 합니다.

ISBN 979-11-7171-493-3 03300

· 인쇄·제작 및 유통상의 파본 도서는 구입하신 서점에서 바꿔드립니다.
· 책값은 뒤표지에 있습니다.